AF402474

L'ÉDUCATION

DE NOS FILLES

PAR

LE Dr JULES ROCHARD

ANCIEN INSPECTEUR GÉNÉRAL DU SERVICE DE SANTÉ DE LA MARINE
MEMBRE DE L'ACADÉMIE DE MÉDECINE
GRAND OFFICIER DE LA LÉGION D'HONNEUR

PARIS

LIBRAIRIE HACHETTE ET Cie

79, BOULEVARD SAINT-GERMAIN, 79

—

1892

L'ÉDUCATION DE NOS FILLES

OUVRAGES DU MÊME AUTEUR

PUBLIÉS DANS LA BIBLIOTHÈQUE VARIÉE

PAR LA LIBRAIRIE HACHETTE ET Cⁱᵉ

L'Éducation de nos fils. 1 vol.

Questions d'hygiène sociale. 1 vol.

Prix de chaque volume broché. . . . . 3 fr. 50

Coulommiers. — Imp. PAUL BRODARD.

L'ÉDUCATION

DE NOS FILLES

PAR

LE Dr JULES ROCHARD

ANCIEN INSPECTEUR GÉNÉRAL DU SERVICE DE SANTÉ DE LA MARINE
MEMBRE DE L'ACADÉMIE DE MÉDECINE
GRAND OFFICIER DE LA LÉGION D'HONNEUR

PARIS

LIBRAIRIE HACHETTE ET Cie

79, BOULEVARD SAINT-GERMAIN, 79

—

1892

PRÉFACE

L'accueil fait par le public au livre que j'ai publié il y a deux ans, sur l'éducation des garçons, m'a engagé à le compléter par un travail semblable sur l'éducation des filles.

Bien qu'au fond la question soit la même, que les mêmes problèmes y soient posés et appellent des solutions analogues, je n'ai pas suivi rigoureusement le même plan. Certaines parties m'ont paru mériter des développements plus étendus. C'est ainsi que j'ai accordé une attention toute particulière au travail des femmes, dans ses rapports avec leur éducation, ainsi qu'à l'enseignement professionnel qui a pour but de les mettre à même d'exercer, avec distinction, les métiers qui leur sont dévolus.

Par contre, les questions de pédagogie proprement dite y tiennent moins de place, par cela même qu'elles avaient été traitées à fond dans le premier ouvrage. Je me suis du reste conformé aux principes qui m'avaient dirigé dans celui-là, en ne réclamant que les réformes indispensables, que celles qui peuvent être appliquées sans bouleverser l'édifice scolaire de fond en comble et sans jeter la perturbation dans l'enseignement.

L'ÉDUCATION
DE NOS FILLES

CHAPITRE I

BUT DE L'ÉDUCATION. DIRECTION A LUI IMPRIMER

L'éducation a pour but de développer les facultés morales et physiques de l'enfant, de manière à le rendre propre à remplir la mission qui lui incombera dans le cours de son existence. C'est la préparation à la vie. Elle doit, par conséquent, varier avec la situation sociale des individus et cela s'applique également aux deux sexes. « La science des femmes, comme celle des hommes, dit Fénelon, doit se borner à s'instruire par rapport à leurs fonctions. La différence de leurs emplois doit faire celle de leurs études. »

Dans les pays civilisés, il y a un minimum

d'instruction indispensable à tous ceux qui doivent y vivre, et, comme complément de cette part commune, une somme de connaissances qui diffère suivant les carrières, les professions ou même le genre de vie qu'ils sont destinés à mener.

Cette spécialisation est plus nécessaire, sans doute, pour les hommes que pour les femmes, en raison des carrières plus nombreuses qu'ils peuvent embrasser; pourtant, une jeune fille appelée à vivre dans les hautes sphères sociales, à tenir un grand train de maison, ne doit pas être élevée comme la fille d'un commerçant, ni comme celle d'un ouvrier. La première question à élucider est donc celle de la destinée de la femme, de son rôle dans la famille, dans la société, et il est indispensable de faire précéder cet examen de quelques mots d'historique.

I. — L'éducation de la femme dans le passé.

L'éducation de la femme date de son émancipation. Tant que sa condition n'a été qu'un servage, il était inutile de lui apprendre autre chose que l'exercice des humbles fonctions auxquelles elle était condamnée. Cet état de choses existe encore chez les peuplades sauvages. En sortant de la barbarie, les nations ont cessé d'opprimer les femmes. Elles les ont affranchies, mais tout en les maintenant dans un état d'infériorité qui excluait toute idée d'éducation libérale et de culture intellectuelle. Les Grecs reléguaient leurs femmes légitimes dans le gynécée et les y délaissaient, pour rechercher la société des courtisanes près desquelles ils trouvaient, avec plus de liberté, une culture intellectuelle plus avancée. Les musulmans renferment les leurs dans les harems et les condamnent à une inaction abrutissante.

C'est la religion chrétienne qui a émancipé la femme, en la proclamant l'égale et la compagne de l'homme. Aussi, dans les premiers siècles de notre ère, son éducation a-t-elle été exclusivement religieuse et ce sont les Pères de l'Église qui en ont les premiers tracé les règles; on les trouve formulées dans la lettre de saint Jérôme à Paula sur l'éducation de sa fille qu'elle destinait à la vie religieuse. Elle est empreinte de l'austérité de ces temps de foi profonde et de réaction ardente contre les vices de l'empire romain; mais, dans ce cas particulier, il s'agissait d'une préparation à l'existence claustrale.

Saint Chrysostome, qui avait été élevé par sa mère, comme saint Augustin par la sienne, et qui savait tout ce que cette douce influence lui avait fait de bien, s'est attaché, au contraire, à faire ressortir les avantages de la vie du foyer. « L'éducation, dit-il, est l'œuvre de la mère, parce qu'elle est l'œuvre de la volonté. »

Les femmes ont joué un rôle des plus importants dans les premiers temps du Christianisme et ont fortement contribué à l'affermir, par leur courage, leur dévouement, leur charité et cette spiritualité plus raffinée qui leur est propre. On ne doit pas s'étonner que, vivant au milieu d'une société vieillie et corrompue, elles aient cherché l'idéal de leur vie dans le mépris du monde et cette impression s'est bien longtemps conservée.

Au moyen âge, l'éducation des filles portait encore la même empreinte. Elle était dévote, monastique et comportait peu de culture intellectuelle. Au xvie siècle, il en était encore de même.

Érasme se plaignait, comme ses prédécesseurs, de l'insuffisance morale et de la médiocrité intellectuelle des jeunes filles de son temps [1]. A cette époque, les congrégations religieuses avaient le monopole de l'enseignement et lui avaient imprimé leur caractère. La lecture et la méditation des

---

1. Gabriel Compayré, *Histoire critique des doctrines de l'éducation en France*, 1re édit., t. I, p. 337.

livres saints, les exercices de piété en faisaient le fond et les études proprement dites étaient négligées. A cette époque du reste, on n'en comprenait pas l'importance. On élevait plutôt les enfants pour le ciel que pour la terre. On cherchait surtout à développer chez eux les vertus morales et le désistement des choses de ce monde. Hâtons-nous de dire qu'on n'y parvenait que rarement.

En ce qui concerne l'instruction des femmes, on n'en comprenait pas l'importance et tous les hommes partageaient plus ou moins les sentiments que Molière met dans la bouche de l'infortuné Chrysale, sans avoir la même raison que lui pour maudire le bel esprit et le faux savoir. Ces idées étaient tellement ancrées dans les esprits qu'il fallait un certain courage pour les combattre. « Ce sera, sans doute, écrivait en 1686 l'abbé Claude Fleury, un grand paradoxe que les femmes doivent apprendre autre chose que leur catéchisme, la couture et divers petits ouvrages, chanter, danser et s'habiller à la mode, faire bien la révérence; car voilà pour l'ordinaire toute leur éducation. »

Le xviie siècle a pourtant été l'époque des femmes célèbres par leur intelligence et leur savoir. Mme de Sévigné et sa fille Mme de Grignan, Mme de la Fayette, Mme Dacier étaient à la hauteur des plus grands esprits de ce siècle si éminemment littéraire. Elles connaissaient les langues vivantes comme les langues mortes et prenaient plaisir aux discussions philosophiques qui passionnaient alors les savants. La société d'élite qui se réunissait à l'hôtel de Rambouillet, malgré la réputation de *préciosité* qu'elle a laissée, n'en était pas moins érudite et lettrée au premier chef.

Les femmes qui firent l'ornement du siècle suivant se distinguaient par d'autres qualités. Elles ne possédaient pas un savoir aussi profond, mais leurs connaissances étaient plus variées; elles étaient douées, par-dessus tout, d'un esprit incomparable et le peu d'austérité de leurs principes leur permettait de le faire briller de tout son éclat. Elles composaient une phalange beaucoup plus nombreuse que celle des précédentes, parce que l'éducation n'était plus l'apanage exclusif de la noblesse et commençait à se répandre dans les hautes sphères de la bourgeoisie. L'influence de ces femmes élégantes, sceptiques, éprises de nouveauté, n'a pas été étrangère au succès des philosophes et des encyclopédistes qui ont préparé la Révolution de 1789.

Le XVII° siècle a été l'époque des grands maîtres de l'éducation. Fénelon et Mme de Maintenon nous ont laissé des modèles inimitables dans ce genre. Le petit livre de Fénelon a fait école [1]. Presque tous les auteurs du xviiie siècle s'en sont inspirés : Rollin, Mme de Genlis et surtout la marquise de Lambert se sont approprié ses idées, avec une tendance un peu plus marquée à développer le côté intellectuel de l'éducation.

Ce qui caractérise en effet les ouvrages de cette époque, c'est qu'ils ne traitent qu'un des trois éléments dont l'éducation se compose. Prenant la question de très haut, ils n'envisagent que son côté moral et, sous ce rapport, ils sont complets. Il est impossible de montrer plus d'élévation d'esprit, plus de pénétration et de noblesse que n'en a déployé l'archevêque de Cambrai, dans ce livre où les plus admirables conseils sont donnés dans ce beau français du xviie siècle dont nous avons perdu le secret.

Quant à l'éducation physique, il n'en est pas question et cela se comprend. L'hygiène n'existait pas alors, et tous les éducateurs du passé se bornent à recommander, en termes vagues, de se préoccuper de la santé des enfants. S'ils descendent dans le détail du régime, les conseils qu'ils

1. *De l'éducation des filles,* par M. de Fénelon, archevêque de Cambray, 1re édition, Paris, 1683.

donnent sont empreints des préjugés de leur temps.

L'enseignement proprement dit n'y est pas traité avec beaucoup plus de développements. A cette époque encore, les meilleurs esprits croyaient à l'infériorité intellectuelle de la femme et pensaient que le savoir n'est pas fait pour elle. Fénelon lui-même, cet esprit si profond, si bien pondéré, se montre injuste à leur égard et se ferait aujourd'hui lapider par le beau sexe, s'il avait l'imprudence de reproduire, dans un journal, ses *Avis à une dame de qualité sur l'éducation de mademoiselle sa fille.*

Je ne parle pas de l'enseignement professionnel; il n'existait pas et n'avait pas sa raison d'être. Les connaissances très bornées qui s'y rapportaient alors, se transmettaient, par la tradition, comme les arts manuels que les maîtres enseignaient aux apprentis dans les ateliers.

Un autre caractère commun à tous les traités d'éducation de cette époque, c'est qu'ils n'étaient écrits que pour les jeunes filles appartenant à la noblesse. Le reste ne valait pas la peine qu'on s'en occupât. Mme de Maintenon, après avoir énuméré les connaissances très modestes qu'il convenait de donner aux demoiselles de Saint-Cyr, ajoutait dédaigneusement: « Pour les bourgeoises, tout cela

est inutile; il suffit de leur faire réciter leur catéchisme, de leur apprendre à lire et à écrire ».
Quant aux filles du peuple, il est bien entendu
qu'elles n'avaient besoin de rien savoir du tout.

L'inutilité et même le danger de l'instruction,
pour les classes inférieures, était encore une sorte
d'axiome à la fin du siècle dernier. De la Chalotais, l'illustre procureur au Parlement de Bretagne, qui était cependant un esprit libéral pour
son temps, déplorait, dans un essai d'éducation
nationale, fort remarquable par ailleurs, la tendance des petites gens à s'instruire : « Le peuple
même veut étudier, écrivait-il. Les Frères de la
Doctrine chrétienne, qu'on appelle ignorantins,
sont intervenus pour achever de tout perdre ;
ils apprennent à lire et à écrire à des gens qui
n'eussent dû apprendre qu'à manier le rabot et la
lime, mais qui ne veulent plus le faire.... Le bien
de la société demande que les connaissances du
peuple ne s'étendent pas plus loin que ses occupations. Tout homme qui voit au delà de son triste
métier, ne s'en acquittera jamais avec courage et
patience. Parmi les gens du peuple, il n'est presque
nécessaire de savoir lire et écrire qu'à ceux qui
vivent par ces arts ou que ces arts aident à
vivre [1]. »

1. *Essai d'éducation ou Plan d'études pour la jeunesse*, par

Cette citation que j'emprunte à M. Gréard [1] montre combien, à cette époque, les esprits les plus larges étaient abusés par les préjugés de caste. Le moment approchait où cette noblesse érudite, élégante et aveugle, allait perdre tout à la fois ses illusions, ses privilèges et jusqu'à son existence politique. La Révolution de 1789 approchait. C'est à partir de ce grand mouvement social qu'on s'est habitué à considérer les droits de la femme comme étant égaux à ceux de l'homme, sous le rapport de l'éducation comme sous les autres.

Il y eut toutefois une grande lacune dans l'enseignement, pendant la tourmente révolutionnaire. La fermeture des écoles congréganistes et des couvents, qui étaient presque seuls en possession de dispenser l'enseignement aux filles; l'abolition des universités, des facultés, des académies et des sociétés littéraires [2], étendirent, sur le pays tout entier, une nuit profonde, et l'instruction des femmes, qui ont grandi pendant cette période, s'en est fortement ressentie. Cette éclipse toutefois ne fut pas de longue durée et, aussitôt qu'un peu de

Louis-René de Caradeuc de la Chalotais, procureur du roi au parlement de Bretagne, 1763.

1. *Éducation et Instruction*, par Octave Gréard, vice-recteur de l'Académie de Paris, Enseignement primaire, 1887, p. 323.

2. Loi du 18 août 1792 et décret du 8 août 1793.

stabilité se fit sentir dans nos institutions, on rétablit les écoles; des pensionnats se créèrent, pour remplacer les couvents disparus, et la vie intellectuelle reprit peu à peu un élan nouveau qui n'a fait que s'accentuer depuis.

L'instruction libre n'a pas cessé de se développer depuis la fin du siècle dernier; mais il n'y a qu'une vingtaine d'années que l'instruction publique des filles a pris son essor. Elle a participé au grand mouvement qui s'est produit dans l'enseignement à la suite de nos désastres. Les filles ont été traitées, par les lois, exactement de la même manière que les garçons. Celle du 28 mars 1882 a rendu l'instruction primaire obligatoire pour les deux sexes[1]; les mêmes règlements leur ont été appliqués. Les filles sont confondues avec les petits garçons dans les *écoles maternelles*, ainsi que dans les *écoles enfantines*; mais elles ont leurs écoles primaires spéciales, leurs écoles normales à elles, et enfin on a créé pour elles, comme pour les garçons, une école normale supérieure.

1. L'instruction primaire est obligatoire pour les enfants des deux sexes, âgés de six ans révolus à treize ans révolus. Elle peut être donnée, soit dans les établissements d'instruction primaire ou secondaire, soit dans les écoles publiques ou libres, soit dans les familles par le père de la famille lui-même ou par toute personne qu'il aura choisie. (Loi du 28 mars 1882 relative à l'obligation de l'enseignement primaire, art. 4.)

On ne s'est pas contenté de leur donner l'éducation primaire, avec tous les développements qu'elle comporte aujourd'hui dans les écoles, on a voulu pousser jusqu'au bout leur assimilation aux garçons, et la loi du 4 décembre 1880 a créé l'enseignement secondaire des filles. En 1888, il existait quarante-cinq lycées fondés pour elles par l'État, avec le concours des départements et des villes, et une école normale a été fondée à Sèvres pour former leur personnel enseignant. Les portes de l'enseignement supérieur leur ont été ouvertes et elles suivent les cours des facultés. Enfin, on a créé pour elles des écoles professionnelles dans lesquelles sont enseignés tous les métiers, tous les arts qui peuvent leur être utiles.

Notre siècle, on le voit, a fait largement les choses pour réparer l'injustice de ceux qui l'ont précédé. Il s'agit maintenant de savoir si tant d'efforts ont atteint le but ou s'ils ne l'ont pas dépassé; si l'éducation qu'on donne aux jeunes filles dans les différentes classes de la société, est bien celle qui convient le mieux pour les mettre à même de remplir les missions diverses qui leur incomberont dans l'avenir, et, pour cela, il faut d'abord indiquer quelles seront ces fonctions multiples.

II. — Rôle de la femme dans la famille et dans la société.

Les fonctions les plus importantes et les plus nobles que la femme soit appelée à remplir, sont au foyer de la famille. C'est là son véritable empire et personne ne peut l'y remplacer. Les soins du ménage, la direction d'un personnel de domestiques souvent nombreux, la nécessité d'apporter dans les dépenses, l'ordre et l'économie qui sont indispensables, même dans les grandes maisons, tout cela constitue un ensemble d'obligations qui demandent, pour être bien remplies, du tact, de la fermeté, de la patience et de plus des connaissances pratiques qui, pour ne pas être de premier ordre, n'en ont pas moins leur importance, puisque le bien-être et la prospérité de la famille en dépendent.

L'éducation des enfants vient ensuite. C'est la mère qui dirige leurs premiers pas dans la vie et qui leur donne les impressions premières, celles qui ne s'effacent jamais et que nous retrouvons, dans notre mémoire, aux heures tourmentées de l'existence, pour nous soutenir et nous réconforter. Son fils ne lui appartient que pendant quelques années. Le moment arrive vite où, suivant l'heureuse expression de Lamartine, *le bord de la robe de sa mère cesse d'être son horizon*. Ce grand garçon lui échappe et cette séparation est cruelle. Les pauvres mères! Elles ont passé leurs plus belles années à former l'esprit et le cœur de leurs fils. Par des merveilles de patience et de douceur, elles sont parvenues à les rendre bienveillants et affectueux comme elles; elles en ont fait des enfants soigneux, bien élevés, et voilà qu'elles sont forcées de les abandonner à tous les hasards de l'instruction publique, à tous les dangers des mauvaises fréquentations et des mauvais exemples. C'est une rude épreuve dans leur existence, et, malheureusement, ce n'est pas la dernière.

Pour les filles, il en est tout autrement. Elles restent, jusqu'au mariage, sous la direction de leur mère. Nous verrons bientôt combien cette éducation est supérieure à celle qu'elles peuvent recevoir dans les meilleures institutions; mais, pour remplir ce rôle d'éducatrice, il ne suffit pas à la femme de posséder les hautes vertus, les qualités éminentes de l'esprit et du cœur; il faut encore un certain savoir. Pour diriger l'instruction des garçons jusqu'à leur entrée aux écoles et pour surveiller celle des filles jusqu'à leur émancipation, il faut des connaissances assez étendues, car la mère ne doit jamais être exposée à rougir d'une infériorité qui serait bien vite reconnue.

La culture intellectuelle est tout aussi nécessaire à la femme dans ses relations avec son mari. Elle doit être la compagne de sa vie, sa confidente dans tous les événements de quelque importance, sa consolatrice dans les épreuves et dans les mauvais jours. Elle doit partager ses opinions, ses goûts et parfois même ses préjugés, s'ils sont respectables. Unis par les intérêts et par les affections, les époux doivent l'être également par les idées et, pour que la femme puisse s'associer aux préoccupations de son mari, il faut qu'elle soit à même de s'en rendre compte. Il n'est pas nécessaire pour cela que son instruction soit élevée à la même hauteur; mais il faut qu'elle soit suffisante pour comprendre.

La vie de la femme ne doit plus demeurer, à notre époque, enfermée dans le cercle de la vie de famille. Elle ne peut pas se borner, comme la matrone romaine, à garder la maison et à filer la laine. Dans les classes élevées de la société, elle remplirait très mal son mandat, en se confinant dans son ménage. La vie extérieure est pour elle non seulement un droit mais un devoir. Les hommes sont le plus souvent absorbés par leurs fonctions, par les exigences de la profession qu'ils exercent et n'ont pas le temps de cultiver les relations de société qu'il est de leur intérêt d'entretenir.

C'est à leurs femmes qu'il appartient de les remplacer. Elles sont admirablement faites pour ce rôle. Elles ont le tact, l'esprit d'à-propos, la pénétration, l'amabilité gracieuse et le savoir-vivre qui font souvent défaut aux hommes les mieux doués sous le rapport de l'intelligence. Elles ont une grande aptitude pour acquérir ces qualités qui exigent aussi qu'on les cultive.

Un homme qui n'a pas reçu cet enseignement dans sa famille, ne répare jamais d'une façon complète cette lacune dans son éducation; son origine se trahit toujours par une certaine incorrection dans sa tenue et même dans son langage. Une femme, sortie du dernier rang de la société et introduite par les circonstances dans un monde qui n'est pas le sien, se façonne avec une habileté merveilleuse à ce nouveau milieu, pour peu qu'elle soit intelligente, et devient rapidement méconnaissable.

Il est toutefois un écueil que les femmes ne savent pas toujours éviter. Il consiste à donner trop de place dans leur existence aux relations extérieures et aux plaisirs du monde. Dans les classes élevées, beaucoup d'entre elles passent leur vie tout entière à faire des visites ou à en recevoir, à fréquenter les magasins à la mode, ou les expositions, en abandonnant le soin de leur ménage aux domestiques et la direction de leurs filles à des institutrices. C'est un danger sérieux pour le bonheur de la famille. Le mari, trouvant toujours sa maison déserte, y rentre sans plaisir et finit par lui préférer le cercle. Les enfants sont élevés à l'aventure. L'ordre, l'économie s'en ressentent, parce qu'avec la femme, c'est l'âme de la maison qui s'en va.

Je me hâte de dire que ce genre d'existence n'est pas, à beaucoup près, aussi commun qu'on le croit. Les femmes qui le mènent sont très en vue; on les rencontre partout et elles font ainsi illusion sur leur petit nombre, tandis que celles qui cultivent la vie de famille, qui ne voient dans les relations sociales, qu'un moyen de ne pas demeurer complètement étrangères à leur milieu et de faire quelque peu diversion à la monotonie forcée de la vie intérieure, celles-là, quoique bien plus nombreuses, passent inaperçues; on ne les remarque guère et on n'en parle pas du tout. Ce sont les autres qui ont créé cette légende qu'on répète avec tant de plaisir à l'étranger et d'après laquelle les femmes de France sont légères, futiles et incapables de bien conduire leurs familles. Ceux qui leur ont fait cette réputation ont été prendre leurs types parmi les femmes de théâtre et de casino.

Les obligations que je viens de passer en revue, les devoirs de la femme dans la famille et dans le monde, sont les seules qui leur incombent, dans les classes riches et même dans les positions plus modestes, lorsque l'homme peut, par l'exercice de sa profession ou par ses revenus, subvenir aux dépenses du ménage et à l'éducation des enfants. Il n'en est pas de même dans les couches sociales inférieures à celles-là. Dans les familles ouvrières, le travail de l'homme suffit rarement aux dépenses de la famille. Il faut que la femme y supplée le plus souvent; il faut que les filles gagnent le plus tôt possible de quoi se suffire, ou tout au moins de quoi diminuer les charges qu'elles imposent à leurs parents. A la campagne, dans les fermes, les femmes prennent part aux travaux des champs. Dans le commerce, elles participent à toutes les opérations qui font vivre le ménage.

Enfin, à tous les rangs de l'échelle sociale, il y a des femmes que des revers de fortune, la mort de leurs maris, le nombre de leurs enfants, mettent dans la nécessité de chercher une occupation lucrative, pour suppléer à l'insuffisance de leurs ressources. Le nombre de ces déclassées va croissant avec l'intensité de la vie moderne.

L'augmentation factice des besoins, les exigences du bien-être et de la vanité conduisent beaucoup de familles à exagérer leur train de maison. Dès lors, les revenus deviennent insuffisants et, pour les accroître, on a recours au jeu dangereux de la spéculation , aux placements aventureux; on expose le capital et on marche vers une catastrophe qui se fait rarement attendre. On n'a pas su se contenter d'une situation modeste et on se voit précipité dans la misère. Des jeunes filles, élevées dans l'aisance et dans l'inaction, sont tout à coup forcées de s'imposer des privations d'autant plus cruelles qu'elles n'y sont pas accoutumées, de demander au travail le pain de chaque jour, et de subir la pitié de leur entourage.

Cette condition est d'autant plus cruelle que la loi du travail, si noble et si moralisatrice, est méconnue dans la classe à laquelle elles appartiennent. On y regarde comme humiliant pour la femme de gagner sa vie. Ce préjugé règne surtout en province. Les familles ruinées préfèrent implorer un secours, dans les ministères et les mairies, assiéger les antichambres des fonctionnaires, pendant des années, mettre en jeu tout l'arsenal des protections acquises et des relations contractées aux jours de la prospérité, pour obtenir la concession d'un bureau de tabac, qu'on se hâte de louer, parce qu'on aurait honte de le gérer soi-même. On préfère s'humilier ainsi, que de relever la tête et d'assurer, en travaillant, son bien-être et son indépendance.

Ce préjugé, contre lequel on ne saurait trop réagir, est moins tyrannique dans les grandes villes où l'esprit est plus large et où l'on se connaît moins. Il n'existe déjà plus en Angleterre. Depuis plusieurs années, on s'y préoccupe de la question et on s'efforce de multiplier les emplois permettant aux femmes ruinées de gagner leur vie. Une des promotrices de ce mouvement, miss Hubard, a fondé, en 1875, un recueil annuel destiné à renseigner les femmes des différentes classes de la société, sur les carrières qui leur conviennent et sur les métiers qu'elles peuvent exercer.

Grâce à l'appui qu'elles ont trouvé dans l'opinion publique, les femmes se sont ouvert, en Angleterre [1], dans ces dernières années, une multitude de carrières qui leur avaient été jusqu'alors interdites et bien des lacunes, dans différentes branches de l'industrie, ont été comblées depuis que les femmes des classes moyennes et supé-

---

1. Rose Lyon, *le Travail des femmes à l'étranger et en France. Revue du progrès social*, 1890, n° 14, p. 110.

rieures ont découvert qu'elles sont capables de travailler, le travail étant pour la femme le synonyme de l'indépendance.

L'Angleterre n'est pas le seul pays où cette grave question ait été agitée. Elle a été l'objet de travaux sérieux en Belgique, en Allemagne et surtout en France. C'est chez nous qu'on s'en est occupé tout d'abord, et le livre de M. Jules Simon, *l'Ouvrière*, a été une révélation pour tout le monde. Depuis cette époque, la société d'économie politique a consacré de nombreuses séances au travail des femmes et le journal des Économistes a rendu compte de ces discussions. Enfin, ce sujet a été traité avec une ampleur, une élévation de vues et une richesse de documents des plus remarquables, dans l'ouvrage encore récent de M. Leroy-Beaulieu [1].

Les pouvoirs publics se sont émus de la situation des femmes dans l'industrie et ont pris à leur égard un ensemble de mesures dont j'aurai l'occasion de parler plus loin.

Cette sollicitude s'explique. L'un des vices les plus incontestables des sociétés modernes, c'est la difficulté qu'éprouvent les femmes à s'y suffire à elles-mêmes; c'est l'impossibilité, pour la plupart

---

1. Paul Leroy-Beaulieu, *le Travail des femmes au* XIXe *siècle*, Paris, 1888.

d'entre elles, de vivre à l'aide de leur travail.
« Cette question, dit M. Leroy-Beaulieu, touche
non seulement aux intérêts individuels de l'ouvrière, mais encore aux intérêts généraux de la
nation. La constitution de la famille, l'éducation
des générations nouvelles, la conservation, l'amé-
lioration ou la dégénérescence de la race; en
d'autres termes, l'état économique et même l'état
physique d'un peuple dépendent, en grande partie,
de l'organisation du travail des femmes dans le
pays [1]. » J'ajouterai que, si les économistes par-
venaient à résoudre ce redoutable problème, ils
auraient plus fait pour la moralisation des sociétés
contemporaines que tous les philosophes réunis.
Le désordre, dont tout le monde se plaint et qui
va croissant avec les progrès de la civilisation,
tient plus à la misère qu'au vice. Les femmes qui
se conduisent mal ne cèdent pas à un penchant
naturel, elles ne le font pas par plaisir. La paresse
et le défaut de principes les y prédisposent sans
doute; mais c'est le besoin qui les fait succomber.

Des occupations suffisamment rémunératrices,
des débouchés pour leur activité en préserveraient
un très grand nombre de la chute irrémédiable.

1. Paul Leroy-Beaulieu, *le Travail des femmes au XIXe siècle*,
loc. cit.

III. — **Professions que les femmes peuvent exercer.**

Le nombre des occupations lucratives auxquelles les femmes peuvent se livrer, sans préju-
dice pour elles et pour les intérêts de la société,
est extrêmement limité. Tous les métiers qui
demandent de la force physique leur sont interdits.
Toutes les professions dangereuses, fatigantes,
sont l'apanage de l'homme, qui n'a jamais songé
à les partager avec sa compagne. C'est son lot à
lui, comme celui de la femme est d'entretenir la
race et d'élever la famille. Le rôle de chaque
sexe a ses dangers et ses charges. Celui de
l'homme en a même davantage, car la mortalité
est bien plus élevée pour le sexe masculin que
pour l'autre, pendant la période active de la vie.

La constitution délicate de la femme, les fonctions physiologiques qui lui sont propres, la rendent moins apte aux professions qui nécessitent
une activité constante et qui ne peuvent pas chô-
mer. On a pourtant exagéré cette incapacité périodique, ou plutôt on en a fait un prétexte pour
exclure les femmes de certains emplois. Les
ménagements qu'exige la santé de la femme à
l'époque de la puberté, pendant la menstruation,
la grossesse, l'accouchement et l'allaitement, ne

sont pas, a-t-on dit, compatibles avec l'exercice d'un métier qui ne saurait s'accommoder de tous ces chômages. La femme se fatigue plus vite que l'homme, elle ne peut supporter aussi aisément, ni les efforts continus, ni la station debout quand elle se prolonge, et tout cela lui rend le travail pénible et même nuisible.

Il est des moralistes qui vont plus loin et qui dépeignent la femme comme un être maladif et valétudinaire, pour lequel les travaux que la civilisation impose sont une véritable torture. Pour Michelet, la femme est une perpétuelle convalescente, à laquelle la nature a donné un époux ou un père comme un médecin prédestiné, ou une garde-malade providentielle. Que cela soit vrai de certaines femmes du monde, névropathiques, valétudinaires, victimes de l'hérédité ou de leur déplorable éducation, cela n'est malheureusement pas contestable; mais ce sont là des exceptions et des individualités factices. Grâce au ciel, toutes les femmes ne sont pas taillées sur ce triste modèle et n'ont pas besoin de s'occuper perpétuellement de leur santé. La femme de la campagne, les ouvrières qui se livrent aux rudes métiers dont je parlerai bientôt, ne chôment pas de toute l'année. C'est à peine si elles passent quelques jours au lit à l'époque de l'accouchement, et à

bien compter, je crois que, dans les classes inférieures, les hommes sont plus souvent forcés
de suspendre leur travail par suite des maladies qu'ils contractent en l'exerçant, de celles
auxquelles leur imprudence ou leurs vices les
exposent, que les femmes ne sont obligées de
le faire, par les exigences physiologiques de leur
sexe.

Il est certain qu'il serait à désirer qu'elles prissent plus de ménagements; mais, en somme, elles
ne se portent pas plus mal que les femmes du
monde qui vivent dans l'inactivité et les petits
soins. Il est également évident qu'il vaudrait
mieux que les femmes pussent borner leur activité aux soins du ménage et à l'éducation des
enfants; mais nous ne vivons pas dans l'âge d'or
et dans une société idéale, nous sommes à une
époque où la vie est rude pour tout le monde, où
la lutte pour l'existence est la loi qui nous régit
tous, où la nécessité d'assurer sa subsistance par
le travail, d'une façon ou d'une autre, est la règle
commune et, s'il faut pour cela supporter des
fatigues, des douleurs ou des angoisses, s'il faut,
dans quelques cas, exposer ou compromettre sa
santé, cela vaut toujours mieux que de mourir
de faim.

En somme, les seules professions qui soient

interdites aux femmes, par le fait de leur sexe ou de leur constitution, sont celles qui exigent un grand déploiement de force ou qui font courir de sérieux dangers; mais, comme la sécurité et les intérêts primordiaux du pays sont liés à l'exercice de ces professions pénibles et périlleuses, les femmes étant incapables de les exercer, doivent être exclues également des fonctions qui s'y rapportent. L'exercice du pouvoir, de l'autorité, des mandats législatifs sont de ce nombre. Il ne peut pas y avoir égalité de droits lorsqu'il n'y a pas égalité de devoirs et de charges.

Les femmes ne peuvent pas décider de la paix et de la guerre, puisque ce ne sont pas elles qui se battent; elles ne peuvent pas contribuer à la confection des lois qui concernent la navigation, les colonies, puisqu'elles n'affrontent ni les dangers de la mer, ni les maladies des pays chauds. D'ailleurs, elles n'ont pas les aptitudes nécessaires à de pareilles fonctions et, dans leur intérêt même, elles ne devraient pas revendiquer des prérogatives qu'elles ne peuvent pas exercer d'une manière fructueuse.

I. *Professions libérales. Enseignement.* — Les carrières dans lesquelles on peut réussir à l'aide de l'imagination, d'une intelligence prompte, gracieuse et facile, conviennent particulièrement aux femmes. Elles sont remarquablement douées sous ce rapport. La littérature est pour elles un domaine privilégié. Il n'est personne qui n'ait remarqué l'aptitude des femmes pour le style épistolaire. Elles écrivent, en général, d'une manière charmante. Elles tournent le conte, la nouvelle, le roman même, avec une aisance et une grâce qui manquent souvent aux hommes. Enfin elles ont souvent une grande facilité pour la versification.

Ces qualités aimables de l'esprit n'en excluent pas la profondeur, et, cependant, c'est le côté par lequel elles pèchent le plus souvent. George Sand, qui a été le modèle du genre, dont le style prestigieux, l'imagination puissante, ont ravi notre jeunesse, George Sand s'est montrée d'une faiblesse lamentable toutes les fois qu'elle a voulu traiter, dans ses romans, une question de sociologie ou d'économie politique.

C'est que la puissance d'abstraction, la ténacité dans la réflexion, la rigueur dans les déductions, l'esprit de méditation manquent aux femmes, comme la force physique. Elles ont peu d'aptitude pour les sciences abstraites. On en cite à peine une ou deux qui se soient fait un nom dans les hautes mathématiques. Elles ont assez de supériorité par ailleurs pour qu'elles puissent nous laisser celle-là. D'ailleurs, en ce qui touche aux carrières libérales, elles ont toutes les aptitudes nécessaires pour les exercer.

Il n'y a pas longtemps qu'elles ont mis le pied sur ce terrain, et c'est par la profession médicale qu'elles ont commencé. Ce sont les jeunes filles du nord de l'Europe qui ont donné l'exemple. Le mouvement est parti de la Russie, il y a une trentaine d'années, et s'est étendu à la Pologne. Après bien des péripéties, les femmes ont obtenu le droit de suivre les cours de la Faculté de médecine de Saint-Pétersbourg. Un ukase d'Alexandre II, en date du 2 novembre 1872, leur en ouvrit les portes et les étudiantes y affluèrent de tous les points de l'empire, depuis la Sibérie jusqu'au Caucase. Malgré les services que ces étudiantes rendirent pendant la guerre turco-russe, malgré les éloges des inspecteurs médicaux et l'appui de l'opinion publique, les cours de médecine furent fermés aux femmes en 1882.

Pendant les dix ans que cet enseignement avait duré, il avait été suivi par 1 091 élèves, dont 700 avaient terminé leurs études et obtenu le diplôme de docteur. Dans ce nombre, 54 sont chefs de clinique ou de laboratoire, 62 sont médecins consultants près des hôpitaux de femmes et d'enfants, 130 sont médecins municipaux dans les provinces[1]. Depuis que les écoles de leur pays leur ont été fermées, les étudiantes russes et polonaises affluent dans les facultés étrangères et notamment à Paris, où on en compte une centaine.

Les Anglaises ont également un goût prononcé pour la médecine. Il leur est venu plus récemment et l'opinion ne leur a pas été favorable au début. Les premières jeunes filles qui voulurent faire leurs études à Edimbourg, furent huées par les étudiants et contraintes de battre en retraite. Elles ne se laissèrent pas décourager par cet échec et vinrent sur le continent suivre les cours des facultés. De retour dans leur pays, elles y exercèrent leur profession, avec une distinction et un succès qui leur concilièrent l'estime des gens sérieux. On leur confia la direction du service médical dans un hôpital de femmes, et elles achevèrent d'y gagner la confiance du public.

Ce sont les étudiantes étrangères qui ont importé en France le goût des études médicales. Elles y sont encore en majorité. Ainsi, sur 144 jeunes filles qui suivent les cours de nos facultés de médecine, on compte 124 étrangères, presque toutes de nationalité russe. Il y en a 122 à Paris pour

---

1. Dr C. Schultze, *la Femme-médecin au* XIXe *siècle* (*Revue scientifique de la femme*, Paris, 1889).

18 Françaises qui s'y sont fait inscrire : on compte de plus 4 étudiantes dans les écoles de plein exercice et dans les écoles préparatoires [1]. La première nomination au titre de docteur a eu lieu en 1872 ; depuis il y en a eu une soixantaine à la Faculté de Paris. Dans le cours de l'année scolaire qui vient de se terminer, on a délivré 19 diplômes féminins, 18 à des Russes, 1 à une Anglaise.

En France, comme à l'étranger, l'opinion publique n'a pas vu sans défiance cet empiétement des femmes sur le domaine des professions masculines. Cette sorte de réprobation s'explique par les allures des jeunes filles qui se présentèrent tout d'abord à la Faculté de Paris. Avec leurs petits chapeaux ronds, leurs cheveux courts, leurs lunettes et leurs airs débraillés, elles produisirent mauvais effet sur l'esprit des étudiants qui les tinrent à distance. Elles ont depuis modifié leur tenue et leur attitude et on les a acceptées sans enthousiasme, mais avec les égards dus à leur sexe. Les étudiants sont avec elles d'une froideur polie et circonspecte. On n'a pas précisément à se louer de leur service dans les hôpitaux ; mais elles s'y tiennent très bien et leur

---

1. Ce recensement a été fait au mois d'avril 1890, à l'occasion de la discussion du projet de loi sur la création des universités.

conduite n'a jamais mérité de reproches. Quelques-
unes d'entre elles sont devenues des femmes de
mérite.

On comprend le penchant qui dirige les femmes
vers la profession médicale et il leur fait honneur.
C'est un esprit de dévouement et de sacrifice, c'est
le désir de soulager ceux qui souffrent, c'est la
passion de faire le bien. Il y a bien aussi l'attrait
d'une profession indépendante et lucrative; mais
il n'y a rien dans cette tendance qui ne soit parfaitement avouable.

Si le nombre des étudiantes étrangères est plus
considérable, cela tient à la facilité avec laquelle
on leur accorde l'équivalence, pour les deux bac-
calauréats, qui constituent un obstacle très sérieux pour les jeunes filles de notre pays.

Les facultés des lettres et des sciences sont
chargées, chacune en ce qui la concerne, d'exa-
miner la valeur des diplômes et des certificats
d'études que présentent les étudiantes étrangères,
d'accorder ou de refuser l'équivalence; mais elles
montrent dans cette appréciation une bienveillance
qui dépasse un peu les limites de la courtoisie
internationale.

Il est une autre raison qui écarte nos compa-
triotes de la profession médicale, ce sont les
dépenses qu'entraînent ces longues années

d'études coûteuses et improductives. C'est une avance de fonds considérable à faire, un placement incertain, ne pouvant procurer des bénéfices qu'à longue échéance et, en France, nous n'aimons pas cela; et puis, dans les familles où on peut faire de pareils sacrifices, on ne songe qu'à marier les jeunes filles et pas du tout à leur donner une carrière lucrative.

En somme, la profession médicale peut être une ressource pour quelques femmes et il n'y a pas de raisons pour les en éloigner, à la condition toutefois qu'elles aient le tact de ne pas insister sur certaines études malséantes, de ne pas traiter les maladies qui s'y rapportent et de s'interdire les grandes opérations chirurgicales qui demandent une vigueur musculaire et une force de résistance qu'elles n'ont pas.

A notre époque de spécialisation médicale exagérée, il leur est bien facile de se tracer leur cadre, au moins dans les villes. Elles sont déjà en possession de l'obstétrique, rien ne les empêche d'y joindre les maladies des femmes et des enfants et de soigner, à l'occasion, des personnes de l'autre sexe, lorsqu'il ne s'agit pas des maladies spéciales auxquelles je faisais allusion tout à l'heure.

Les écoles de médecine ne sont pas les seules

qui aient maintenant une clientèle féminine. Les facultés des lettres comptent quelques jeunes filles sur leurs bancs et ce sont presque toutes des étrangères. Celles des sciences en ont 19, dont 13 étrangères, et, dans le nombre, 9 Russes; enfin on compte 3 étudiantes en droit à la Faculté de Paris, une Française, une Russe, une Roumaine; je ne sais pas si les jeunes filles qui suivent cet enseignement supérieur ont l'intention de s'en faire une carrière. Il n'y a pas encore en France d'avocat du sexe féminin. Il paraît qu'il en existe en Belgique, car la Cour de cassation s'est récemment prononcée sur leur aptitude à exercer la profession et a tranché la question par la négative.

Je ne vois pas, pour ma part, de raison péremptoire pour refuser aux femmes le droit de plaider, s'il se rencontre des clients pour leur confier leurs causes et celui de faire des cours, s'il se trouve des auditeurs pour les suivre; mais ces professions ne seront jamais une ressource de quelque importance pour le sexe féminin. Les jeunes femmes qui exercent l'art de guérir, sont de brillantes exceptions, auxquelles une intelligence peu commune, une puissance de travail toute virile et des ressources pécuniaires suffisantes ont ouvert l'accès d'une carrière qui ne peut être le lot que d'un très petit nombre. Ce n'est pas là qu'est la solution du problème ; il faut, pour la trouver, s'adresser à des professions plus modestes et ce sont celles-là que nous allons passer en revue.

En première ligne, nous trouvons l'enseignement. C'est une des carrières qui conviennent le mieux aux femmes. Elles ont tout ce qu'il faut pour cela : la douceur, la patience et surtout l'amour des enfants, que rien ne peut remplacer. Aussi se précipitent-elles dans cette voie, avec une ardeur qu'il n'est pas besoin de stimuler. Le dévouement et la vocation ne sont pas, à dire vrai, les seules mobiles qui les y poussent. Elles y voient surtout un moyen de se faire une position indépendante et suffisamment rémunératrice, de s'élever au-dessus de leur condition, de s'affranchir de la famille et de satisfaire leurs goûts.

Depuis quelques années, l'enseignement a pris un développement tel qu'il a fallu en augmenter le personnel, dans des proportions considérables. Il est devenu un débouché de premier ordre pour l'activité des jeunes filles pauvres. Indépendamment des hautes fonctions qui relèvent du ministère et qui sont en trop petit nombre pour être un appât, l'enseignement secondaire offre un certain nombre de positions bien rétribuées et auxquelles on peut arriver par le travail. Les directrices de lycées ont de 5 000 à 4 000 francs d'appointements, les directrices de collèges 2 600; les professeurs de lycées, qui sont agrégées des lettres, des sciences ou des langues vivantes, ont un traitement annuel de 3 000 francs; les chargées de cours de lycée ou professeurs de collège en ont 2 500, quand elles sont pourvues du certificat d'aptitude à l'enseignement des lettres, des sciences ou des langues vivantes; les chargées de cours de collège, bachelières ou possédant le brevet primaire supérieur, ont 1 800 francs. Les autres (professeurs de dessin ou chargées de cours, institutrices primaires, maîtresses répétitrices, maîtresses surveillantes, professeurs de gymnastique) perçoivent un traitement qui varie de 1 800 à 1 200 francs.

Le personnel de l'enseignement secondaire officiel peut s'élever aujourd'hui à 700 titulaires et il ne peut qu'augmenter; mais cette élite n'est rien à côté de l'armée de l'enseignement primaire. En 1889, elle s'élevait, pour la France et l'Algérie, à 77 479 institutrices, dont 44 926 pour les écoles publiques et 32 553 pour les écoles privées [1].

---

1. Résumé des états de situation de l'enseignement primaire, pour l'année scolaire 1888-1889. Tableau n° 3, p. 158. Je ferai remarquer, pour expliquer ce chiffre considérable, que l'administration fait entrer dans le personnel et l'enseignement primaire, toutes les femmes qui se livrent à l'instruction privée à quelque titre que ce soit.

Il faut retrancher de ce nombre 38 228 religieuses appartenant aux écoles congréganistes; mais il reste encore 39 261 places, pour les jeunes filles qui embrassent la carrière de l'enseignement, sans entrer dans les ordres religieux.

Le traitement des institutrices publiques varie entre 450 francs, minimum fixé par le décret du 20 janvier 1873, et 1 200 francs. Il y a cependant quelques situations privilégiées dans lesquelles les appointements peuvent s'élever jusqu'à 2 000. Dans les écoles privées, il n'y a pas de règles fixes.

Un pareil nombre d'emplois suffisamment rémunérateurs est de nature à éveiller bien des convoitises, et il n'y a pas lieu de s'étonner que le brevet d'institutrice soit devenu l'objectif de la plupart des jeunes filles appartenant aux classes laborieuses, lorsqu'elles se sentent la force de travail et l'intelligence nécessaire pour le conquérir. Il n'est pas de sacrifice qui leur coûte pour atteindre le but. Elles délaissent les occupations du ménage, pour des études arides auxquelles elles se livrent avec une ardeur qui compromet parfois leur santé et n'aboutit souvent qu'à une déception.

La carrière de l'enseignement est aujourd'hui tellement encombrée que la plupart d'entre elles ne savent plus que faire de leur diplôme, lorsqu'elles ont réussi à l'obtenir. Il y avait, le 1er janvier 1887, 12 741 jeunes filles aspirant aux fonctions d'institutrice et présentant les conditions nécessaires pour les remplir. Le département de la Seine en renfermait, à lui seul, 4 174, près du tiers; et il n'y avait, pour l'année, que 60 places vacantes, sur lesquelles 25 revenaient de droit aux élèves sortant de l'École normale. Le reste fut distribué aux suppléantes, qui étaient au nombre de 40. Lorsqu'il s'agira du brevet, nous reviendrons sur ce triste sujet et sur l'influence fatale que cette compétition excessive exerce sur la santé des jeunes filles qui s'adonnent à la carrière de l'enseignement.

II. *Administration.* — Les fonctions publiques qui confèrent de l'autorité et entraînent une responsabilité sérieuse ne me semblent pas, ainsi que je l'ai dit, de nature à pouvoir être remplies par des femmes; mais elles peuvent trouver, dans toutes les administrations, des emplois plus modestes suffisant cependant pour les faire vivre.

La direction des Postes et des Télégraphes en emploie un certain nombre, dans les bureaux de l'administration centrale et dans les postes secondaires, tels que ceux de receveuses dans les petites localités. Elle n'a qu'à se louer de leur exactitude, de leur zèle et de leur intelligence; on ne leur adresse qu'un reproche, c'est de manquer parfois de discrétion et de ne pas avoir, pour le secret de la correspondance, tout le respect nécessaire.

L'administration du Timbre compte également des femmes dans ses bureaux. Celle du Téléphone en emploie de 600 à 700 dans Paris. Elles y entrent après un examen préalable et un stage qui dure plus ou moins longtemps, suivant leur aptitude à se mettre au courant du service. Il est en moyenne de 2 à 6 mois et elles sont ensuite nommées au fur et à mesure des vacances. Alors seulement, elles touchent une rétribution qui est au début de 800 francs et qui peut être portée jusqu'à 1 800, par des augmentations successives de 100 francs. Elles ont de plus, à Paris, une indemnité de 200 francs pour frais de séjour.

L'administration accorde, à ses employées, un repas par jour, déjeuner ou dîner, suivant la répartition du service. Le dimanche est excepté, parce le travail est coupé ce jour-là en deux stations égales. Le repas se compose d'un plat de viande, d'un plat de légumes, d'un dessert et d'un litre de vin pour quatre. Le chef de bureau qui est chargé, par l'État, de nourrir ce personnel, moyennant un franc par tête, trouve encore le moyen de réaliser des économies qui sont partagées entre les employées. Ce boni s'élève pour chacune d'elles à 25 ou 30 francs par an. Enfin, elles ont droit à une retraite à trente ans de service et à soixante ans d'âge.

Le service est extrêmement pénible. Elles sont réunies, au nombre de cinquante ou soixante, dans des salles hermétiquement closes, où la température est élevée et l'air vicié. Elles y fonctionnent, serrées les unes contre les autres et toujours debout, pendant dix heures par jour, avec une interruption de trois quarts d'heure pour le repas qui leur est délivré. Aussi sont-elles souvent malades. Le nombre des exemptions de service, pour cause de santé, est de 10 pour 100 de l'effectif, en moyenne. L'administration se montre maternelle à leur endroit. Lorsqu'elles sont malades, elle leur paye leur traitement intégral, pendant les trois premiers mois, la demi-solde pendant les trois qui suivent et ne prononce la mise en disponibilité provisoire qu'au bout de six mois.

Les employées des téléphones s'acquittent bien de leurs fonctions. L'État est content de leur service. Les particuliers n'en sont pas aussi satisfaits. Ils se plaignent de leur impolitesse. Souvent il arrive que, lorsque le client s'impatiente en attendant, il reçoive une réponse malséante au lieu de la communication demandée. Le fait est que ces malheureuses filles sont fatiguées, énervées par les appels incessants, par l'activité monotone qu'elles sont obligées de déployer et, lorsqu'on a le téléphone à sa disposition, une impertinence est bien vite lancée. Il faudrait diminuer un peu ce que leur emploi a de trop pénible, en augmentant leur nombre.

Les grandes compagnies de chemins de fer ont maintenant un personnel féminin assez considérable. C'est celle du Nord qui a donné l'exemple. Afin de respecter les situations acquises et de ne pas mettre les femmes et les hommes dans les mêmes bureaux, elle a attendu que les vacances fussent assez nombreuses, pour lui permettre de constituer des services exclusivement composés de femmes, avec entrées spéciales et vestiaires indépendants. Les résultats obtenus ne laissent rien à désirer pour la rapidité de l'exécution et le fini du travail. Avant leur admission, on leur fait subir un examen sommaire; puis elles font un stage, en attendant que des vacances se produisent. Une fois reçues elles gagnent 3 francs par jour; mais elles n'ont pas de retraite, pas d'avancement régulier et peuvent être renvoyées

du jour au lendemain. Les cadres sont exclusivement masculins.

Le service des femmes fonctionne au chemin
de fer de l'Est depuis 1885. Il y en avait une cinquantaine d'employées, en 1887. Elles sont
chargées de la tenue des livres d'inventaire du
mobilier et de l'outillage, de la copie des lettres du
service intérieur, du classement, pointage et
dépouillement des bulletins de manœuvre dans
les gares, des fiches de statistique, etc. Leur solde
est de 1 250 francs par an. Elles ne sont pas commissionnées et n'ont pas de retraite.

Les autres compagnies s'apprêtent à suivre
l'exemple de l'Est et du Nord. Sur toutes les
lignes, du reste, les femmes ont certains emplois
qui leur sont particulièrement dévolus. Dans le
service de la voie, il y a des distributrices receveuses, appointées à 800 francs, avec gratification
annuelle. Elles remplissent ces fonctions avec une
ponctualité et une habileté sans pareilles. J'ai souvent admiré l'adresse, la rapidité prestigieuse avec
laquelle elles délivrent les billets, comptent et rendent la monnaie, dans les gares de Paris, les jours
où la foule s'y presse. Les postes de gardes-bar-
rières sont souvent occupés par des femmes qui
reçoivent de 120 à 180 francs par an ; d'autres
gèrent les buffets, les bibliothèques, les bazars,

et on choisit pour ces fonctions des parentes d'employés morts ou en activité de service [1].

Sur le réseau de l'Est, on compte 2 500 femmes auxquelles la compagnie fournit les moyens de gagner leur vie. Sur les petites lignes, il y a, dans certains endroits, des femmes chefs de gare. On en cite une qui a son mari sous ses ordres, en qualité de facteur, et qui ne lui passe rien [2].

Les institutions de crédit qui occupent des femmes, les traitent encore mieux que les compagnies de chemins de fer. La Banque de France, qui en a près de 700 à son service, les emploie à l'imprimerie, à la comptabilité des billets, au dépôt des titres, au dépôt des imprimés. Elles sont payées à raison de 3 francs par jour en commençant et vont ensuite jusqu'à 5. Elles participent au bénéfice de la caisse des retraites, à l'aide d'un léger prélèvement sur leur solde. Elles travaillent dans des bureaux séparés de ceux des hommes; mais elles entrent aux mêmes heures et par les mêmes issues.

Au Crédit foncier, l'égalité est parfaite et les femmes sont commissionnées comme les em-

---

1. Georges Michel, *les Femmes employées dans les administrations* (*l'Économiste français,* nº du 17 décembre 1887, p. 747).
2. *Id., ibid.*

ployés. L'examen d'admission est plus rigoureux qu'à la Banque. Elles sont environ 200. Leurs appointements sont d'abord de 800 francs, mais ils s'élèvent successivement à 1 000, à 1 200, à 1 500 et les surveillantes reçoivent même 1 800. Leurs bureaux sont isolés. Elles y entrent un quart d'heure avant les hommes et travaillent, les unes de neuf heures à cinq heures et les autres de dix heures à six.

Le Crédit lyonnais a dans ses bureaux une centaine de femmes, rétribuées à 3 francs par jour. Elles y sont admises d'abord à titre provisoire; mais on les commissionne, quand elles ont fait leurs preuves. Elles sont employées au service des titres et coupons. Leurs bureaux sont séparés.

En dehors des administrations, beaucoup de femmes trouvent à s'employer comme secrétaires. En Angleterre, plus d'un homme d'État dicte sa correspondance à une femme qui n'a pas d'autre occupation. Dans plusieurs études et dans beaucoup de maisons de commerce, les copies et la correspondance sont faites par des femmes, à l'aide de la machine à écrire.

En Amérique, les femmes sont recherchées comme sténographes. Elles ont la main plus légère et plus rapide que les hommes, disait

M. Stone, le directeur du *Chicago-Daily-News*; elles apportent plus d'attention à leur travail et ne vous importunent pas par la fumée du tabac et les vapeurs du whiskey. Elles font aussi d'excellents reporters, témoin Mme Rouvier qui, « lors de l'assemblée de Versailles, résumait, au courant de la plume, et sur des feuilles volantes, les débats et les discours. Sa correspondance, destinée à l'*Indépendance Belge*, était jetée à la poste à Paris, en descendant du train de Versailles, et, bien qu'elle ne pût corriger ses épreuves, cette rédaction hâtive ne laissait rien à désirer [1]. » Ce sont là d'excellents exemples, mais qui constituent de très rares exceptions, et on n'utilise pas assez les aptitudes des femmes pour ces emplois modestes. Le nombre des commis et des employés, dans les différentes administrations, s'élève en France à plusieurs centaines de mille, et il y en a au moins le quart qui pourraient être remplacés par des femmes.

III. *Commerce.* — La femme a pour le commerce des aptitudes égales à celles de l'homme, supérieures même lorsqu'il s'agit du détail. « Elle a, dit M. Leroy-Beaulieu, beaucoup de précision

---

1. *Les Dames reporters et sténographes*, traduit de l'anglais par Rose Lyon (*Revue du progrès social et des questions d'enseignement*, 1890, n° du 20 août, p. 114).

dans l'intelligence, du moins pour les choses et les idées courantes; son esprit est vif, son coup d'œil sûr; elle calcule avec rapidité et exactitude; son attention est vivement attirée et retenue par les mêmes objets; l'ordre matériel est une des exigences de son esprit et la condition naturelle de son activité. Elle a plus de droiture que l'homme et de dévouement, plus de soumission aussi [1]. »

Les femmes font d'excellentes comptables, des caissières sûres; elles n'ont pas de distractions, calculent vite et se trompent rarement. Elles sont au moins les égales des hommes pour la tenue des livres, la rédaction des bordereaux, des quittances, la distribution des bulletins, des prospectus, pour toutes les occupations faciles, dépourvues d'initiative.

Toutes ces qualités pourraient être beaucoup plus largement utilisées dans le commerce. Dans les familles de marchands, les femmes sont, comme je l'ai dit, employées aux écritures, à la caisse, aux achats; mais on a rarement l'idée de prendre ces auxiliaires en dehors du cercle des parents. On préfère confier ces emplois à des hommes. Le terrain déjà si borné du travail féminin est

1. Paul Leroy-Beaulieu, *le Travail des femmes au* XIXe *siècle,* *loc. cit.*

envahi, de tous les côtés, par l'autre sexe. La couture, les modes, l'industrie du vêtement sont devenues son domaine. Une foule de femmes du meilleur monde font confectionner leurs robes par des hommes qui leur prennent mesure, essaient les vêtements, et cela ne semble pas les froisser.

Quant aux jeunes filles qui ne font pas partie de la maison, elles n'y sont guère employées que comme demoiselles de magasin. Or c'est précisément la fonction la plus pénible et la plus fatigante, parce qu'elle exige une activité physique de tous les instants et qu'elle force à rester debout toute la journée. C'est là ce qui fatigue le plus les femmes.

Dans les grands magasins qui se sont créés, depuis quelques années, à Paris et qui sont devenus de véritables bazars, on interdit aux femmes qui y sont employées de s'asseoir derrière leurs comptoirs, même lorsqu'elles ne sont pas occupées. Cette mesure a pour but d'assurer, d'une manière constante, à la clientèle, le service d'un personnel toujours en éveil ; mais il en résulte une fatigue, un énervement qui, vers la fin de la journée, devient un supplice et se traduit par une expression douloureuse des traits, par une physionomie caractéristique. Il est certain que la santé de ces pauvres femmes est souvent compromise par cette nécessité de leur situation.

Il y a quelques années, des dames appartenant à l'aristocratie parisienne s'émurent de cette situation et se concertèrent pour la faire cesser. Elles me firent l'honneur de me consulter, sachant que je m'étais occupé de cette question d'hygiène. Elles étaient disposées à faire appel à l'opinion publique, à s'adresser aux journaux, pour exercer une pression sur les directeurs des grands magasins. Je les engageai à se bien garder d'entreprendre cette campagne qui serait fatale à leurs protégées.

Dans les grands magasins, leur dis-je, on a plus d'avantage à employer des hommes que des femmes pour ces pénibles fonctions. Si on défend aux demoiselles de comptoir de s'asseoir, quand elles ne sont pas occupées, c'est parce qu'on a reconnu qu'une fois assises, elles ont de la peine à se relever, qu'elles le font avec répugnance et que le service en souffre. Si vous intervenez dans la question, d'une façon désobligeante pour les directeurs, il est à craindre qu'ils ne profitent de l'occasion pour congédier leur personnel féminin. En voulant venir en aide à ces pauvres jeunes filles, vous leur enlèveriez leur gagne-pain. Il vaut mieux vous adresser aux directeurs eux-mêmes, faire appel à leur humanité, à leur esprit de justice et, comme ils tiennent à ne pas froisser l'élite de leur clientèle, ils tiendront compte de vos désirs dans une certaine mesure et ce sera toujours cela de gagné. Mes conseils furent suivis. Une lettre autographiée et signée des plus beaux noms de France, fut adressée à MM. les directeurs des grands magasins de nouveautés. Ils répondirent avec une courtoisie parfaite, par des promesses un peu vagues, et les demoiselles de comptoir ont continué à faire leur service et à rester debout.

IV. *Industrie.* — L'industrie emploie à elle seule plus de femmes que toutes les carrières que nous venons de passer en revue prises en bloc. C'est le terrain sur lequel la question du travail féminin a de tout temps été débattue, et c'est en effet le côté le plus émouvant de ce problème social.

L'Angleterre, pays essentiellement manufacturier, est celui qui emploie le plus de femmes dans ses ateliers. Lors du recensement quinquennal de 1861, on en comptait 747 261. La Belgique, en 1846, occupait 71 000 ouvrières dans ses manufactures et ses mines. En France, nous ne possédons pas de statistique officielle du travail; mais on peut, par quelques chiffres, se faire une idée approximative du nombre des ouvrières et de leur situation.

Les manufactures de coton, de laine et de soie, répandues dans tout le pays, emploient à elles seules de 400 000 à 450 000 femmes. Leur salaire descend très exceptionnellement au-dessous de 1 fr. 50 pour la soie, et de 2 francs pour le coton, la laine et le lin. Les bonnes ouvrières gagnent aisément 2 fr. 50 à 3 francs et, dans le tissage mécanique, elles vont à 3 fr. 50 ou 4 francs. En résumé dans l'industrie textile, la moyenne du salaire est de 2 francs.

Le nombre des dentellières et des brodeuses, en France, est de 370 000 au moins. Elles gagnent de 1 fr. 75 à 2 francs; à la campagne, leur salaire tombe parfois à 80 centimes.

A Paris, d'après l'enquête publiée en 1851, le chiffre des ouvrières s'élevait à 112 000, dont 60 000 vivaient du travail de la couture. Le chiffre en a notablement augmenté depuis. En 1860, l'industrie du vêtement, à elle seule, employait 47 000 femmes, avec un salaire moyen de 2 fr. 14 par jour. Ce groupe comprend une élite d'ouvrières, dont le talent consiste plutôt dans le goût et l'invention que dans le travail des doigts. Elles rendent, chez les modistes et chez les tailleurs pour femmes, des services exceptionnels et gagnent de 5 à 10 francs par jour. On n'arrive à de pareils salaires que par des prodiges d'habileté et de travail; encore ne parlé-je pas des premières demoiselles des grands magasins de mode, dont les appointements égalent ceux des directeurs des ministères.

Certaines maisons, comme la Belle Jardinière, emploient 1 500 femmes à la confection et leur donnent de 2 à 4 francs par jour. La maison Dussautoy en occupe 2 000 et les paie de 2 fr. 50 à 4 francs. On en compte plusieurs milliers dans les ateliers de la maison Godillot et de la maison Hayem. Les salaires oscillent entre 2 fr. 50 et 3 fr. 50.

Après l'industrie du vêtement, c'est la bijouterie qui procure les salaires les plus élevés. Dans les professions artistiques, une ouvrière médiocre gagne aisément 2 fr. 50 par jour, une bonne ouvrière, 3 fr. ou 3 fr. 50, rarement 4 francs. Les fleuristes, les plumassières arrivent également à des salaires qui varient de 3 à 6 francs. Il y en a une sur mille qui parvient à gagner 10 francs par jour. Les femmes employées comme polisseuses pour métal ou pour marbre, chez les sculpteurs et les fondeurs de bronze, celles qui travaillent chez les fabricants de limes, les potiers d'étain, gagnent aussi d'assez bons salaires.

Les manufactures de tabac occupent un grand nombre de femmes. Celle de Marseille, à elle seule, en contient mille. Elles sont employées à la confection des cigares. Leur salaire varie de 2 à 3 francs.

Les blanchisseuses gagnent de 2 fr. à 2 fr. 50 par jour. Elles ont en outre, le plus souvent, soit la soupe, soit un verre de vin ou d'eau-de-vie. Les repasseuses sont rétribuées de la même manière à peu près. Les teinturières et les dégraisseuses gagnent de 2 à 3 francs par jour et la moitié d'entre elles au moins est nourrie et logée par le patron. Le nombre des femmes de ce groupe s'élève, à Paris, à 12 000 environ.

A côté de ces métiers suffisamment rémunérateurs, il en est une foule d'autres où le salaire s'abaisse à des prix tellement minimes, qu'on ne comprend pas qu'il puisse suffire à la subsistance de celles qui les exercent. C'est là que se réfugient les femmes déclassées, sans talents, sans instruction, qui offrent leurs bras inhabiles et leur esprit inculte, à toutes les occupations pouvant leur donner un morceau de pain. Ces ouvrières indigentes se rencontrent dans les industries chimiques, dans les professions non classées, équivoques, si communes dans les grandes villes. On en trouve chez les fabricants d'allumettes chimiques,

de chandelles, de veilleuses et de mèches, de géla-
tine ou de colle ; chez les artificiers, les épura-
teurs d'huile et de graisse, dans l'industrie du
caoutchouc. Elles gagnent, à ces métiers rebu-
tants, de 1 fr. 25 à 1 fr. 75 par jour.

Les salaires ne sont pas plus élevés chez les
fabricants de couvertures et de molletons, les fila-
teurs de bourre de soie, de coton, chez les fabricants de ouate, les tisseurs de châles [1]. Enfin
la filature des indigents, que l'enquête de 1860
recense parmi les services publics, compte
1 250 ouvrières, parmi lesquelles 1 220 fileuses ne
gagnant que de 40 à 60 centimes. Les mieux rétribuées, dans cet établissement philanthropique,
ne vont pas au delà de 1 fr. 50 par jour [2]. Ces
professions où le salaire s'abaisse au-dessous de
celui des ouvrières de province sont, est-il besoin
de le dire, le refuge de l'ignorance, de la paresse
et de la débauche.

Je suis loin d'avoir passé en revue tous les
métiers où l'activité des femmes peut trouver son
emploi. Je n'avais pas l'intention de me livrer
à cet inventaire, je voulais simplement donner

1. Voir l'enquête de 1860, les industries 96, 98, 101, 105, 108,
110, 166, 169, 170, 176 et 179.
2. Paul Leroy-Beaulieu, *le Travail des femmes au* XIXe *siècle,
loc. cit.*, p. 119.

une idée des ressources que l'industrie peut offrir aux femmes.

La moyenne de leurs salaires pris en bloc est de 2 francs par jour pour la France entière et pour toutes les industries réunies; mais il faut tenir compte des chômages forcés que la constitution de l'industrie leur impose d'une manière périodique. La morte-saison est une des calamités de la petite industrie. Il y a plus d'un tiers des ouvrières qui la subissent. Dans le groupe du vêtement, les trois quarts des couturières, des tailleuses et des modistes ont de quatre à six mois de chômage. Les blanchisseuses de fin ont une morte-saison de cinq mois. La passementerie, la fabrication des dentelles, l'industrie des châles, la bijouterie chôment pendant un quart de l'année. Il en est de même de la plupart des autres métiers.

Comme compensation à la morte-saison, les ouvrières ont six heures de travail supplémentaire, à l'époque où les commandes abondent. Elles sont surtout nombreuses dans les professions où la mode exerce son influence. D'une autre part, les ouvrières ne restent pas complètement inactives pendant le chômage; mais elles ne trouvent à s'occuper que d'une façon beaucoup moins lucrative. En somme, en tenant compte de tous ces éléments, on peut estimer qu'il n'y a pour les femmes que deux cent soixante-dix journées productives par an, ce qui donne une rémunération annuelle de 540 francs [1].

Cette somme peut apporter l'aisance dans un ménage déjà soutenu par le salaire du mari; elle peut suffire à faire vivre, au prix de mille privations, une femme seule et qui jouit d'une bonne santé; mais, lorsqu'elle a des enfants ou de vieux parents à sa charge, lorsqu'elle est maladive, c'est la misère dans toute son horreur, et cependant la situation des ouvrières s'est bien améliorée depuis l'époque où M. Jules Simon a fixé son attention sur leurs misères.

Cet adoucissement à leur sort tient à l'accroissement normal du bien-être que le progrès social apporte, avec le temps, dans les différentes classes de la société; mais il est surtout l'effet de la transformation apportée dans l'industrie par l'introduction des machines. On croit généralement qu'une mécanique qui fait à elle seule la besogne de deux ou trois cents ouvrières, doit nuire à la main-d'œuvre et paralyser un grand nombre de bras. Tout le monde en était convaincu, au commencement du siècle; mais l'expé-

1. Paul Leroy-Beaulieu, *le Travail des femmes au* XIXe *siècle,* *loc. cit.,* p. 126.

rience a prouvé qu'il en était tout autrement. Les moteurs automatiques ont tellement abaissé le prix des objets qu'ils confectionnent, que la consommation a augmenté dans des proportions absolument imprévues et qu'il a fallu plus de bras pour faire marcher tous ces métiers, qu'il n'en fallait pour confectionner le même objet lentement et par conséquent dans des conditions dispendieuses.

Ce sont les industries textiles qui ont fourni les premières cette démonstration. A la chute de l'empire romain, une chemise coûtait aussi cher qu'un esclave. En 830, trente chemises de lin valaient trois livres, alors qu'un cheval coûtait six sous et un bœuf deux sous [1]. Jusqu'à une époque très avancée de l'âge moderne, les plus grandes dames couchaient nues et sans linge. Aujourd'hui, la production des textiles est devenue tellement abondante, que toutes les classes de la société en sont suffisamment pourvues, et que la question du vêtement entre à peine dans les préoccupations des classes pauvres.

Pour suffire à cette production, il a fallu multiplier les ateliers, les machines et augmenter le nombre des ouvriers des deux sexes, dans des

1. Levasseur, *Histoire des classes ouvrières*, t. I, p. 148-151.

proportions telles que les industries des textiles, de la dentelle et de la broderie, emploient à elles seules près de 800 000 ouvrières.

Les salaires des femmes, bien que notablement augmentés, sont encore inférieurs à ceux des hommes dans toutes les industries. Quelques économistes ont cru pouvoir expliquer cet écart par la différence qui existe entre les besoins de la femme et ceux de l'homme. Cette différence peut pallier les inconvénients de l'écart, mais elle ne l'explique pas.

Il faut en chercher la cause dans la loi générale de l'offre et de la demande. Les bras de l'homme ont un champ d'emploi presque illimité; celui des femmes au contraire est extraordinairement restreint, pour les raisons qui ont été précédemment exposées et les hommes tendent à empiéter sans cesse sur ce domaine déjà si étroit. Les carrières ouvertes aux femmes étant peu nombreuses, elles s'y précipitent toutes en foule et cette concurrence permet d'abaisser leur salaire. Les industries féminines sont encombrées, le marché de la main-d'œuvre y est toujours surchargé et cette main-d'œuvre se trouve ainsi dépréciée.

Dans les industries où elles sont employées concurremment avec les hommes, leur ignorance professionnelle ne leur permet d'occuper que les derniers échelons du travail, ceux qui demandent le moins de culture et d'apprentissage.

Dans l'orfèvrerie et la bijouterie, les femmes sont reperceuses, polisseuses, guillocheuses, métiers faciles qui n'exigent qu'un peu d'habileté manuelle. Les hommes font concurrence aux femmes pour ces operations simples et sont de plus modeleurs, dessinateurs, graveurs, ciseleurs, décorateurs, monteurs, etc. Dans les fabriques de porcelaine, les femmes sont décalqueuses, émailleuses, les hommes peintres, floristes, figuristes, armoristes.

Dans l'imprimerie, les femmes sont régleuses, plieuses, brocheuses. Depuis quelques années, on les emploie à la composition, mais les hommes sont de plus protes, correcteurs et metteurs en pages. Dans la photographie, les hommes sont peintres, miniaturistes, les femmes retoucheuses et colleuses [1].

En passant en revue tous les autres groupes d'industries, nous arriverions aux mêmes résultats. Partout les femmes sont employées aux travaux les plus simples, les plus rudimentaires; partout elles sont exclues, au profit des hommes,

1. Voir l'enquête de la Chambre de commerce de Paris sur les différentes industries. Paris, 1860.

des professions qui demandent de l'imagination,
de l'étude et de l'initiative. De là l'insuffisance de
leur salaire et les excès de travail auxquels elles
sont condamnées pour gagner de quoi vivre. Ces
trop longues heures passées à l'atelier ou dans
l'air vicié des pièces malsaines où s'exerce la
petite industrie, ont, sur leur santé et sur leur
moralité, une influence déplorable que les hygiénistes et les philanthropes ont signalée de tout
temps.

A diverses époques, ils se sont efforcés d'imposer, aux pouvoirs publics, une réglementation
destinée à soulager les ouvrières. Il en est même
qui ont poussé le zèle jusqu'à demander que toute
occupation mercenaire fût interdite aux femmes,
en s'appuyant sur ce principe que, « dans une
société bien organisée, le travail de l'homme
doit suffire à nourrir toute la famille ». Cette
façon de s'intéresser au sort des ouvrières ne
serait probablement pas de leur goût, attendu que
celles qui n'ont pas d'hommes pour les nourrir,
préfèrent encore travailler dans des conditions
pénibles que de mourir de faim.

En pareille matière, il faut y regarder de très
près avant de porter atteinte à la liberté du travail. Il n'est pas de question plus délicate, plus
controversée que celle de sa réglementation.

Elle a été l'objet d'enquêtes sans nombre. Les pouvoirs publics l'ont maintes fois agitée. Des mesures protectrices ont été déjà prises. On a interdit, en France, le travail des mines aux femmes et aux enfants. Il est question de les empêcher de travailler la nuit dans les manufactures, les ateliers et les usines, et l'Académie de médecine, consultée à ce sujet, a donné son approbation à cette mesure [1].

Le Sénat discute en ce moment une loi qui a pour but de limiter à dix heures la journée de travail. Je suis convaincu que ces mesures sont conformes à l'intérêt bien entendu des ouvrières. Si elles y perdent quelque chose, au point de vue du salaire, elles y gagneront, pour la tenue de leur ménage, le soin de leurs enfants et la conduite de leur mari. La femme à l'atelier, pendant la nuit, c'est l'enfant dans la rue, le père au cabaret et la fille on ne sait où. Les deux heures

---

1. L'Académie, consultée, au mois de février 1890, par le président de la commission de la Chambre des députés chargée de l'examen du projet de loi sur le travail des enfants, des filles mineures et des femmes, dans les établissements industriels, chargea une commission composée de MM. Brouardel, Proust, Tarnier et Jules Rochard, rapporteur, d'étudier la question. Le 15 avril suivant, après avoir entendu mon rapport, elle en approuva la conclusion conçue en ces termes : « *L'Académie, en se tenant sur le terrain de l'hygiène, déclare qu'une loi qui autoriserait les femmes à travailler, pendant la nuit, dans les manufactures, usines et ateliers, aurait pour leur santé les conséquences les plus désastreuses.* »

qu'il est question de lui rendre seront bien plus fructueusement employées dans son intérieur.

Cette réglementation, on le comprend, ne s'adresse qu'à la grande industrie, à la population des ateliers et des usines. On ne peut pas exercer une surveillance sur les petits métiers qui ne réunissent qu'un petit nombre de femmes, ni sur celles qui travaillent à domicile. Ce serait une inqualifiable tyrannie et pourtant c'est surtout dans la petite industrie, plus particulièrement dans la couture et les modes, que les ouvrières sont parfois soumises à un travail qui dépasse la mesure de leurs forces. C'est là que la veillée prolonge la journée de deux, trois ou quatre heures et la porte parfois à dix-sept.

M. Jules Simon, dans son *Petit Journal*, faisait tout récemment un touchant appel à l'humanité des femmes du monde, dont les exigences nécessitent un pareil surcroît de travail, et les suppliait de prendre en pitié ces pauvres filles qui ruinent leur santé et abrègent leur vie, pour satisfaire les caprices de leur riche clientèle.

Il y a beaucoup à faire, dans le domaine de l'initiative privée, pour améliorer la situation des ouvrières. Il faut avant tout modifier leur éducation.

Tous les économistes attribuent l'écart qui

existe, dans l'industrie, entre le salaire des hommes et celui des femmes, au défaut d'instruction de celles-ci, à leur ignorance des choses de la vie, des connaissances théoriques et pratiques nécessaires à l'exercice intelligent des métiers auxquels elles se livrent. Cette considération se rattache si directement au sujet de cet ouvrage qu'elle justifie les longs détails dans lesquels je viens d'entrer. Le moyen le plus sûr d'améliorer la condition des ouvrières, c'est de leur donner les connaissances qui leur manquent.

Je ne veux pas parler de ce savoir encyclopédique et banal qu'on leur donne dans les écoles, mais de l'instruction professionnelle, comprenant tout à la fois l'apprentissage du métier et l'enseignement des arts qui s'y rapportent. Cette dernière notion est indispensable aux femmes pour pouvoir rivaliser avec les hommes. Ceux-ci, par un égoïsme inconscient, les ont reléguées dans les emplois inférieurs; ils en ont fait des aides, au lieu de les accepter comme des collaboratrices. Les femmes se sont laissé faire, par l'habitude de soumission qui est propre à leur sexe, et ont accepté cette situation d'infériorité; mais elles ont les aptitudes nécessaires pour en occuper une autre. Il suffit pour cela de leur tendre la main et de les instruire d'une façon plus pratique. Je reviendrai sur ce sujet, lorsqu'il sera question de l'éducation professionnelle, à laquelle je compte donner les développements qu'elle comporte aujourd'hui.

V. *Professions rurales.* — Les femmes, dans les campagnes, participent au travail de la terre, dans la mesure de leurs forces. Il y a, en Angleterre, des districts agricoles où l'on a pris l'habitude d'employer, en grandes masses, les femmes et les enfants aux travaux des champs. C'est le système connu sous le nom d'*agricultural gangs*[1].

En France, elles secondent les hommes et les remplacent parfois. Pendant la guerre de 1870-1871, où tous les hommes valides du Finistère étaient partis pour les armées, j'ai vu les femmes conduire la charrue. Sur nos côtes, du reste, ce sont elles qui cultivent la terre, pendant que les hommes sont en mer. Elles se livrent également à la pêche, sur tout le littoral, et c'est pitié de les voir, en toute saison, dans l'eau jusqu'au genou et parfois jusqu'à la ceinture, poussant leur filet pour prendre des crevettes.

Il est une dernière profession que je ne puis pas passer sous silence, parce que c'est assurément l'une de celles qui emploient le plus de femmes. C'est la domesticité. Elle a des représentants dans

---

1. Voir l'article inséré sur ce sujet par M. Paul Leroy-Beaulieu dans la *Revue des Deux Mondes* du 1ᵉʳ septembre 1869.

toutes les familles, depuis l'intendante de grande maison, à qui l'on donne les appointements d'un officier supérieur, jusqu'à la servante de ferme qui ne gagne que sa nourriture. Cette classe intéressante et nombreuse a vu sa situation s'améliorer, à tous les points de vue, depuis le commencement du siècle, et ses exigences se sont accrues dans la même proportion; mais elle a véritablement trop peu de rapport avec le sujet de cet ouvrage, pour que je puisse m'y arrêter plus longtemps.

La conclusion à tirer de cette longue revue, c'est que l'éducation des filles doit être aussi variée que les situations qu'elles doivent occuper un jour et que, pour la majorité d'entre elles, l'instruction professionnelle doit l'emporter sur l'enseignement classique. Nous verrons plus tard que les connaissances pratiques sont indispensables, même pour celles qui ne sont pas destinées à exercer un métier, et que la réforme de l'enseignement s'impose d'une manière aussi impérieuse pour les filles que pour les garçons.

IV. — L'éducation du foyer et l'éducation publique.

Lorsqu'il s'agit de choisir la direction à imprimer à l'éducation des jeunes filles, les familles riches peuvent opter entre l'instruction à domicile et celle qui se donne dans les pensionnats. Dans les classes pauvres, ce choix n'est pas possible. Il n'y a, pour les filles comme pour les garçons, que les écoles publiques et, pour elles, tout y est avantage. L'école les retire du petit logement malsain, encombré; elle les arrache aux fréquentations dangereuses de la rue et de la maison banale, aux mauvais exemples dont elles sont entourées; elle leur offre de l'espace, de l'air pur et de la lumière; elle leur donne, avec des principes de morale, l'éducation nécessaire à tout le monde dans un pays civilisé et l'instruction professionnelle qui leur permettra de pourvoir un jour à leur subsistance.

Dans les classes laborieuses il n'y a donc pas le choix: c'est l'ignorance et l'abandon d'un côté, la culture morale et intellectuelle de l'autre. La loi du reste ne permet pas aux parents d'opter. Elle a rendu, comme je l'ai dit plus haut, l'instruction obligatoire, pour les enfants des deux sexes, de six à treize ans.

La question ne se pose donc que pour les familles aisées. Les deux modes d'éducation ont dans ce cas leurs inconvénients et leurs avantages. Ce sujet a donné lieu à de nombreuses controverses, en ce qui concerne les garçons; mais, pour

les jeunes filles, tous les maîtres en cette matière
sont du même avis. Fénelon termine ainsi ses
*Conseils à une dame de qualité, sur l'Éducation de
mademoiselle sa fille* : « Je conclus que mademoiselle votre fille est mieux auprès de vous que dans
le meilleur couvent que vous pourriez lui choisir ».
Paul Janet exprime et développe la même idée
dans son livre sur la famille. Enfin, Fonssagrives,
qui fait également autorité, n'hésite pas à poser en
principe que, pour les filles, l'*éducation* familiale
doit être la règle et la *vie de pension* l'exception
très rare et justifiée seulement par la nécessité [1].

Cette opinion est également la mienne. La place
des jeunes filles est au foyer de la famille. Rien
ne peut remplacer la sollicitude, la clairvoyance,
la tendresse de la mère, et les pensionnats les
mieux tenus ne peuvent pas équivaloir à tout
cela.

La réunion d'un grand nombre de jeunes filles
est difficile à surveiller. Toutes n'ont pas été diri-
gées avec le même soin, pendant leur première
enfance. Il en est qui ont contracté de mauvaises
habitudes, il peut s'en trouver de vicieuses, et
chacun sait combien le mauvais exemple est

---

1. J.-B. Fonssagrives, *l'Éducation physique des filles ou Avis
aux mères sur l'art de diriger leur santé et leur développement,*
Paris, 1869.

contagieux à cet âge de la vie. Il suffit d'une brebis galeuse pour contagionner tout un troupeau. Et puis le courant d'idées qui s'établit, entre ces petites filles, peut fausser le caractère de celles qui ont apporté, dans le pensionnat, les meilleures dispositions, peut les rendre orgueilleuses, futiles, leur inspirer le goût du luxe, des plaisirs, les détourner de l'étude et de la vie sérieuse.

Mme de Maintenon, qui fut le modèle des éducatrices, redoutait à tel point ces fréquentations entre élèves, qu'elle ne souffrait jamais les rassemblements, qu'elle punissait, de la façon la plus sévère, les apartés, les petits colloques, les conversations à deux et la correspondance clandestine. La nécessité de cette surveillance et la difficulté de l'exercer d'une manière efficace, étaient si grandes à ses yeux, qu'elle ne pensait pas qu'on pût diriger convenablement un pensionnat composé de plus de cent élèves.

Le séjour des pensionnats comporte un autre danger, c'est celui de faire oublier la famille. On sait avec quelle facilité les impressions s'effacent chez les enfants. Lorsqu'on met les petites filles en pension de très bonne heure, elles se font vite à ce genre de vie; elles oublient le passé et l'établissement devient pour elles une seconde famille.

Lorsqu'elles ont fini leurs études et qu'elles rentrent à la maison, elles s'y trouvent dépaysées et y éprouvent un malaise qui les surprend; elles ne sont plus en harmonie de goûts ni de pensées avec leurs parents. La confiance pour la mère a fait place à un sentiment de réserve et de contrainte. Il faut se faire à cette vie nouvelle et l'acclimatement n'est jamais complet.

Les jeunes filles appartenant à des familles modestes et que leurs parents ont placées dans des établissements aristocratiques, sont froissées au retour par la vulgarité de leur milieu; elles souffrent de l'humilité de leur condition, qu'elles n'auraient même pas sentie, si on ne leur avait pas fait respirer une autre atmosphère et, sans se l'avouer à elles-mêmes, elles ont quelque peu honte de leurs parents.

Si on les met trop tard en pension, c'est tout autre chose. Elles ne peuvent plus se faire à cette vie nouvelle, s'habituer à la régularité, à la discipline, à l'obéissance, à la séquestration. La nostalgie de la famille s'en empare; elles ne rêvent qu'au retour. Ce sont des révoltées, sur la résistance desquelles tous les bons procédés viennent se briser et qui retournent au pays avec des rancunes et de mauvais souvenirs. Tout cela n'est pas compensé par les bonnes manières et l'instruction qu'elles ont pu acquérir, pendant leur séjour forcé dans un pensionnat qu'elles ont pris en horreur.

L'éducation en commun n'est pas sans inconvénient pour la santé. Les petites épidémies ne sont pas rares dans les pensionnats et le régime auquel on y soumet les élèves, l'excès de sédentarité, la claustration exagérée n'en font pas un milieu salubre, tant s'en faut.

L'éducation en commun n'a d'avantages que pour l'instruction proprement dite. Il est certain qu'un travail régulier, qu'aucune distraction, qu'aucun incident ne vient troubler, est plus profitable que les leçons à bâtons rompus que peut prendre une jeune fille dans la maison de sa mère, au milieu de tous les dérangements inévitables qu'entraîne la vie du monde et auxquels il est impossible d'échapper. L'émulation, le talent des professeurs doivent également entrer en ligne de compte ; mais l'instruction proprement dite ne tient pas la même place dans l'éducation des filles que dans celle des garçons. Elles n'ont pas de concours à subir pour se faire une carrière ; elles n'ont même pas d'examen d'aptitude à passer, à moins qu'elles ne s'obstinent à courir après cet inutile brevet d'institutrice qu'elles feraient bien mieux de laisser aux pauvres filles qui en ont besoin pour gagner leur vie.

Une jeune fille intelligente peut très bien recevoir, sans quitter sa famille, une instruction
sérieuse et solide, si sa mère sait la diriger et,
pour la culture morale, personne ne peut la remplacer. C'est à la mère qu'il appartient de former
le cœur et l'esprit de sa fille. Sa tendresse ne peut
se suppléer. Si le savoir, si les connaissances
s'acquièrent aisément sur les bancs de l'école,
l'éducation est essentiellement individuelle. On
peut enseigner, à toute une classe, la géographie,
les mathématiques, l'histoire, les langues étrangères; on ne peut pas inculquer, à une réunion
d'élèves, les principes qui doivent diriger leur
conduite; on ne peut pas leur enseigner les
devoirs que la vie impose et qui passent avant
tout.

Ces choses-là ne relèvent pas de l'enseignement
collectif; ce sont des sentiments qui se transmettent, plutôt que des faits qui s'imposent. De
pareilles leçons se donnent dans l'intimité de la
vie de famille, dans ces épanchements entre la
mère et la fille, où les cœurs battent à l'unisson.
Le souvenir ne s'en efface jamais et l'élève s'en
souvient surtout lorsqu'elle n'a plus sa mère et
qu'elle a des filles à élever à son tour.

L'éducation maternelle est donc préférable à
toute autre, et c'est un devoir qui s'impose à toutes

les mères capables de le remplir, comme celui d'allaiter leurs enfants quand elles le peuvent. La *pension* et le *biberon*, dit Fonssagrives, sont des expédients de nécessité et rien de plus. Il faut, ajoute-t-il, quatre choses à une mère pour bien remplir cette mission : de la tendresse, de bonnes mœurs, de l'intelligence et de l'instruction. La première leur fait rarement défaut; mais elle est sans valeur, au point de vue de l'éducation, lorsqu'elle n'est pas étroitement liée aux autres qualités. Elle est une impulsion, elle n'est pas un guide.

Les bonnes mœurs, qu'il ne faut pas limiter à la fidélité conjugale, comprennent l'amour du foyer, le goût de l'administration domestique, celui de l'ordre et du travail, toutes les vertus en un mot qui font la mère de famille, et celles qui ne les possèdent pas sont incapables de bien élever leurs filles.

L'intelligence leur est également nécessaire; mais elle demande à être entendue dans un sens tout particulier. « Une femme, dit Fonssagrives, ne peut pas être dite intelligente, parce qu'elle a ces aperçus contrastés ou bizarres, qui secouent l'esprit encore plus qu'ils ne le charment, parce qu'elle abonde en ces traits d'esprit dans la production desquels interviennent la bizarrerie et le parlage : elle peut avoir tout cela et ne pas être intelligente, parce qu'il lui manque le jugement, c'est-à-dire cette faculté, innée sans doute mais développée par l'exercice, qui lui fait saisir rapidement et constamment les *vrais rapports* et les *proportions* des choses. C'est la qualité de l'esprit qui importe le plus à l'éducation. J'ai connu des femmes dont l'esprit, assez limité en apparence, s'illuminait aisément de cette flamme du bon sens qui éclairait leur route et leur inspirait des déterminations toujours sensées, judicieuses, dans les problèmes si compliqués, si difficiles que soulève l'éducation des enfants [1]. »

L'instruction leur est nécessaire pour diriger l'enseignement de leurs filles; mais il n'est pas indispensable qu'elles aient une somme de connaissances égale à celle qu'elles désirent leur donner. Sans cela, elles seraient presque toutes forcées d'y renoncer, car l'instruction va sans cesse en élargissant ses cadres et ne s'entretient que par l'étude; mais c'est la partie de l'éducation pour laquelle il leur est le plus facile de prendre des collaborateurs. Elles peuvent se faire aider par des professeurs ou des maîtresses, pour ce qui a trait à l'enseignement, ou faire suivre à

____

1. J.-B. Fonssagrives, *l'Éducation physique des jeunes filles,* *loc. cit.,* p. 47.

leurs filles les cours d'un bon pensionnat. Ce dernier parti est le meilleur. L'externat ou la demi-pension est pour les filles, comme pour les garçons, la meilleure solution du problème, parce qu'elle réunit les avantages de l'éducation en commun à ceux de la vie de famille, parce que les jeunes filles ne sont pas éloignées de leurs mères, qu'elles vivent de leur existence et ne perdent pas de vue la maison paternelle, ce centre de toutes les affections et de tous les devoirs.

Il ne faut pas se dissimuler que c'est une rude tâche que les mères s'imposent, qu'elle implique bien des renoncements et des sacrifices. Elle n'est guère compatible avec la vie du monde telle qu'on l'entend aujourd'hui; elle est même inconciliable avec certains devoirs sociaux ou professionnels qu'on ne peut pas négliger pour les autres. Dans les hautes sphères administratives ou politiques, l'existence des femmes est absorbée par la représentation, par les obligations de convenance que leur impose la profession de leur mari. Dans des situations plus modestes, les mères ont encore des obligations sociales à remplir, des relations à conserver, dans l'intérêt même de leurs filles; elles sont obligées de les quitter, pendant quelques heures chaque jour, de les laisser seules, ce qui n'est pas sans inconvénient, ou dans la société des domestiques, ce qui en a bien davantage. Les femmes des commerçants participent, comme nous l'avons vu, au travail de la maison et n'ont pas le temps de s'occuper de l'éducation de leurs filles, qui passent une partie de la journée avec les servantes.

Dans le milieu plus élevé dont je parlais tout à l'heure, ce sont des institutrices qui en prennent la direction. Elles se substituent à la mère, mais ne sauraient la remplacer. Dans les deux cas, cette délégation est fâcheuse. La société des domestiques est déplorable pour les enfants. Il n'y trouvent que de mauvais principes et de mauvais exemples; ils y deviennent menteurs et grossiers, y apprennent une foule de choses qu'ils ne devraient pas savoir. Les bonnes, qu'elles soient françaises, allemandes ou anglaises, peuvent élever les petits enfants; mais elles sont d'une société déplorable pour les jeunes filles, aussitôt qu'elles sont arrivées à l'âge de l'éducation.

Les institutrices méritent plus de confiance. Elles ont au moins pour elles les formes et l'instruction. Lorsqu'on sait bien les choisir, quand on les traite avec les égards et l'affection qu'elles méritent, elles peuvent avoir la plus heureuse influence sur l'esprit de leurs élèves. Je ne partage pas, à leur égard, les préventions qu'elles inspirent à beaucoup de personnes. J'en ai connu un assez grand nombre, dans ma longue carrière de médecin, et j'ai presque toujours trouvé en elles, des femmes honnêtes et courageuses, ayant accepté leur tâche avec résignation, remplissant leur mandat avec conscience, et tout à fait dignes de la confiance et de l'affection qu'on leur témoignait dans les familles qui les avaient adoptées. Lorsqu'elles ont acquis, avec les années, l'expérience et les qualités qu'exige leur difficile profession, elles la remplissent avec le tact et la sûreté que leur donne la connaissance profonde du moral des jeunes filles, et avec une fermeté qu'il est difficile à une mère de montrer d'une manière soutenue, en raison même de l'affection passionnée qu'elle porte à son enfant.

A côté de ces femmes d'élite, on rencontre nombre de déclassées qui cachent, sous le vernis de la femme du monde, les mauvais instincts du milieu où elles sont nées. Celles-là sont un danger terrible pour les jeunes filles qu'on leur confie et dont elles se rapprochent par leur âge et par leurs aspirations.

Incapables de se faire respecter par les domestiques qui les jalousent et les froissent, insuffisamment soutenues par les maîtres qui n'ont pas toujours pour elles les égards dont je parlais plus haut, elles s'aigrissent dans ce triste métier, dans cette situation fausse; elles font partager à leurs élèves, leurs désillusions, leur amertume et parfois leurs rancunes, au lieu de développer en elles la bienveillance, la sérénité, la confiance dans l'avenir, qui doivent être l'apanage de la jeunesse.

Parfois même, pour se rendre plus complètement maîtresses de leurs élèves, elles vont jusqu'à flatter leurs mauvais penchants, jusqu'à se faire leurs confidentes et leurs complices. Celles-là s'emparent à tel point de l'esprit de leurs élèves que les malheureuses mères qui se sont trompées dans leur choix, ne reconnaissent plus leurs filles, après quelque temps de cette éducation faussée, et ont toutes les peines du monde à réparer le mal si rapidement fait.

Le choix d'une institutrice est donc l'acte le plus grave qu'une mère ait à accomplir, dans l'éducation de sa fille; et, quelles que soient la sécurité et la confiance que lui inspire celle qu'elle a admise dans son intérieur, elle ne doit jamais abdiquer entre ses mains. Elle doit se réserver la direction de l'éducation de son enfant, en ce qui concerne la conduite et les principes. Il faut, pour cela, qu'elle se consacre tout entière à sa tâche, et qu'elle commence d'abord par faire un retour sur elle-même, par se corriger de certains travers de caractère, par combler, dans son éducation, certaines lacunes insignifiantes jusque-là, mais qui prennent alors de l'importance.

Les enfants ont vite reconnu les défauts de ceux qui les dirigent et s'en font une arme pour leur résister. L'inégalité du caractère, la versalité, font sur eux le plus fâcheux effet. Ils s'aperçoivent que leurs parents se montrent trop sévères à leur égard, dans certains moments, et trop indulgents dans d'autres; ils les taxent d'injustice, cèdent à la force, mais se révoltent intérieurement. Un mélange de douceur et de fermeté, une grande égalité d'humeur, sont les deux qualités les plus nécessaires pour se faire obéir et aimer tout à la fois, et, lorsqu'une mère ne les possède pas, elle doit s'observer sans cesse pour en conserver au moins l'apparence.

Il ne faudrait pas toutefois s'exagérer les difficultés de l'éducation maternelle. Il n'est pas nécessaire, pour s'en bien acquitter, de réunir, dans sa personne, toutes les perfections rêvées par les moralistes et, pour ma part, j'estime qu'une mère a rempli ses devoirs, lorsqu'elle a préparé sa fille à devenir, comme elle, une honnête femme et une bonne mère de famille, et je préfère cette éducation solide du foyer, à l'instruction brillante qu'elle aurait pu recevoir dans le meilleur pensionnat.

Malheureusement, toutes les jeunes filles ne peuvent pas jouir des bienfaits de l'éducation familiale. Il y a d'abord les orphelines, les pauvres enfants qui n'ont pas de foyer, celles dont le père s'est remarié, ou s'est créé un autre intérieur; celles dont la mère a déserté le toit conjugal, les filles des femmes divorcées. Ces tristes épaves du naufrage de la famille n'ont de refuge que dans les pensionnats.

Enfin, en dehors même de ces unions brisées par la mort ou par l'inconduite, il est une foule de ménages désunis par des divergences d'opinions, par l'antipathie des goûts, l'incompatibilité des caractères et dans lesquels une jeune fille ne peut pas être bien élevée. L'aigreur, l'hostilité déguisée, les mauvais procédés dont l'enfant est témoin, sont pour elle d'un exemple déplorable, et c'est encore pis, lorsque les parents la mettent de moitié dans leurs querelles et que chacun d'eux s'efforce de lui faire prendre son parti. Il faut, à tout prix, faire sortir la fille d'un pareil milieu et la mère doit être la première à l'éloigner, si elle ne veut pas s'aliéner son estime et son affection.

Les mères dont j'ai parlé plus haut, celles qui ne

peuvent pas élever leurs filles, par suite de leurs obligations sociales et professionnelles, de leur défaut de courage ou de capacité, celles-là font également mieux de s'en séparer, en les plaçant dans un bon pensionnat, que de livrer leur éducation à tous les hasards d'une vie agitée, d'un milieu frivole, ou d'une maison absorbée par d'autres soucis.

Il est une dernière catégorie de jeunes filles que réclament les établissements d'instruction : ce sont celles dont le caractère intraitable ne peut pas être dompté dans la famille, dont l'esprit de résistance et de rébellion a pris le dessus, dont une mère trop bonne ou trop faible ne peut pas avoir raison. Celles-là ont besoin d'être internées. Au bout de très peu de temps, sous l'influence d'une direction ferme et irrésistible, elles se soumettent à la règle comme les autres et lorsqu'elles reviennent à la maison, leurs mères ne les reconnaissent plus.

Les situations que je viens de passer en revue deviennent de plus en plus nombreuses, grâce à l'intensité croissante de l'existence mondaine, au relâchement de plus en plus grand du principe d'autorité, et la clientèle des établissements où les jeunes filles peuvent trouver un refuge ne peut aller qu'en augmentant. Il importe donc d'étudier leur fonctionnement, avec une attention sérieuse, et c'est ce que je compte faire, lorsque j'aurai passé en revue les trois éléments dont l'éducation se compose, lorsque je l'aurai envisagée au point de vue physique, moral et intellectuel.

CHAPITRE II

ÉDUCATION PHYSIQUE

Je commence par celle-là, parce que c'est elle qui doit précéder les autres. C'est l'ordre de succession et non celui d'importance que je vais suivre. Il faut, en effet, avant de cultiver le moral et les facultés intellectuelles de l'enfant, s'occuper d'abord de son physique. Le développement du corps et l'éducation des sens, dit J.-J. Rousseau, doivent précéder le développement intellectuel et l'usage de la raison. Il a mis à discuter cette thèse, une insistance, une passion qui prouvent l'importance qu'il y attachait. L'attention que la santé exige ne doit jamais se ralentir, à quelque phase de l'éducation qu'on soit parvenu. C'est le terrain sur lequel la pédagogie et l'hygiène se livrent bataille, et l'accord commence à se faire, au prix de concessions réciproques.

Le soin de la santé et du développement physiologique a plus d'importance encore, dans l'éducation des filles que dans celle des garçons, parce que leur organisation est plus frêle et plus facile à fausser, parce que c'est sur la vigueur et sur l'intégrité constitutionnelle des femmes que repose l'avenir des nations.

Pour qu'elles puissent remplir leurs fonctions d'épouses et de mères, pour mettre au monde et allaiter leurs enfants, il faut qu'elles soient solides et bien portantes. C'est à l'éducation qu'il appartient de leur donner ces qualités-là. Elle peut relever, lorsqu'elle est bien dirigée, les constitutions originairement débiles, réparer les vices de l'hérédité, et arriver ainsi, en accumulant ses effets de génération en génération, à fortifier notablement la race.

Au contraire, en maintenant le genre d'existence qui est encore à la mode dans les maisons d'éducation, en tenant les petites filles enfermées presque tout le jour, tranquilles, immobiles, dans l'atmosphère tiède et confinée des classes et des études, penchées sur un cahier, sur un livre ou sur une broderie, on crée une race de femmes névropathiques, maigres, anémiques, disposées à la tuberculose et parfaitement inaptes à remplir la double fonction pour laquelle la nature les a créées. De là le nombre chaque jour croissant des femmes stériles, maladives et incapables de nourrir les enfants chétifs qu'elles ont eu bien de la peine à mettre au monde.

Les hygiénistes ne sont pas les seuls à signaler le danger de ce genre de vie. Dans ses *Lettres sur l'éducation des filles*, Mgr Dupanloup s'exprime ainsi en s'adressant à la directrice d'un pensionnat : « Ne l'oubliez pas, mon enfant, la mère, en élevant ses filles, ne travaille pas seulement pour elles; elle fait plus, elle prépare les mères futures qui, à leur tour, perpétueront, de génération en génération, la bonne et forte éducation qu'elles auront reçue.

« Je le dirai, parce qu'il est nécessaire de le dire, les institutrices perdent trop de vue *la vocation commune des femmes qui est de devenir des mères et des nourrices robustes*, pour mettre au monde et élever une génération qui leur ressemble et qui perpétue la vigueur dans les races; et c'est précisément à l'âge qu'elles se forment qu'il faut *ménager* et *fortifier* leur santé et leur corps, bien autrement faibles que chez l'homme.

« Que les maîtresses aient donc toujours devant les yeux *cet avenir* de leurs élèves; qu'elles n'oublient jamais que la femme est l'instrument divin préparé par la Providence, pour porter dans ses flancs l'homme lui-même et lui donner le jour, que sa vigueur et son courage doivent lui ouvrir les portes de la vie; que sa substance doit le nourrir et sa force devenir la sienne [1]. »

La réforme de l'éducation des filles s'impose, comme on le voit, au même titre que celle des garçons. Il faut qu'elles passent comme eux plus de temps au grand air, qu'elles fassent plus d'exercice et qu'elles usent largement de l'eau froide.

I. — La vie au grand air.

Le grand air est un des premiers agents de l'hygiène et jamais son importance n'a été plus scientifiquement démontrée. On sait aujourd'hui que c'est l'élément destructif par excellence des micro-organismes qui causent les maladies infectieuses. L'aération des appartements est la règle d'hygiène la plus universellement recommandée et on en est même venu à faire vivre les phtisiques en plein air, sous des galeries

1. *Lettres sur l'éducation des filles et sur les études qui conviennent aux femmes dans le monde*, par Mgr Dupanloup, évêque d'Orléans, Paris, 1879, p. 135.

ouvertes à tous les vents, en dépit du brouillard, de la pluie, de la neige et par des températures de 10 ou 12 degrés au-dessous de zéro. On a créé des établissements spéciaux pour ce genre de traitement, le premier à Falkenstein, près de Francfort-sur-le-Mein, le second au Canigou, près du Vernet, dans le département des Pyrénées-Orientales. Cette nouvelle méthode, que ce n'est pas ici le lieu d'apprécier, prouve l'extrême importance que les médecins d'aujourd'hui attachent à la pureté de l'air.

Les dangers d'une atmosphère confinée étaient depuis longtemps connus. On savait qu'il était dangereux de faire vivre un grand nombre de personnes dans un espace trop petit; mais on connaît aujourd'hui la cause des accidents qui se produisent en pareil cas. Ce n'est ni la diminution de l'oxygène, ni le dégagement de l'acide carbonique qui rend l'air vicié si nuisible. C'est un produit toxique que l'économie rejette par l'expiration et qui se rapproche de ces alcaloïdes récemment découverts, qu'on désigne sous le nom de *leuco-maïnes*. Ce poison est en trop petite quantité dans l'air qui sort des poumons, pour pouvoir produire des accidents graves, dans les circonstances ordinaires; mais il contribue à déterminer ce malaise, ces nausées, cette tendance à la syncope, au vertige que les personnes nerveuses ressentent souvent dans les lieux mal ventilés et encombrés par la foule. On met ces troubles-là sur le compte de la chaleur; mais, si l'on regarde le thermomètre, on reconnaît que la température intérieure n'est pas plus élevée que celle du dehors.

L'absorption prolongée de ces miasmes humains ne peut pas être inoffensive, et c'est de là que viennent l'étiolement, le défaut d'appétit, la mauvaise santé des personnes qui passent leur vie dans de semblables milieux.

Un pareil séjour est surtout pernicieux pour les enfants, dont l'impressionnabilité est plus grande que celle des adultes et qui réagissent moins énergiquement. Les jeunes filles en subissent l'influence à un plus haut degré que les garçons, parce qu'elles ont moins de ressources dans leur constitution et font moins d'efforts pour résister. Les petits garçons, plus turbulents par leur nature, s'agitent, se démènent sur leurs bancs, profitent des rares moments de liberté qu'on leur accorde, pour se livrer à des gambades sans fin qui mettent leur sang en mouvement et dégourdissent leurs muscles; mais les petites filles, plus calmes, plus passives, restent tranquilles, ne luttent pas et subissent à un plus haut degré l'influence pernicieuse du mauvais air et de l'immobilité.

L'enfant est comme l'oiseau, comme la plante ; il a besoin d'air, de mouvement, de lumière et de soleil. Frœbel l'avait admirablement compris, lorsqu'il y a cinquante ans, il institua à Marienthal, dans un petit château, le premier de ces *Jardins d'enfants* qui ont acquis depuis une si juste réputation. Il voulait que l'enfant vécût en plein air, au milieu de la verdure et des fleurs, pour qu'il y puisât, sans effort et sans travail, ces premiers enseignements que la nature prodigue à ceux qui vivent en contact avec elle. Son système pédagogique est un peu trop théorique peut-être pour se généraliser ; mais il est fâcheux qu'on ne lui ait pas du moins emprunté son principe, sauf à le modifier dans l'application. On ne tient pas assez compte, dans l'éducation, de ce besoin de vie extérieure. On croit avoir fait le nécessaire, lorsqu'on a, pendant une heure ou deux, conduit une jeune fille sur une promenade publique, où elle marche, bien tranquillement, à côté de sa mère, d'un air ennuyé, en faisant de l'exercice comme on prend un remède et pressée de rentrer à la maison, pour reprendre ses occupations favorites, ou pour retourner à ses petits jeux tranquilles.

C'est qu'en effet les jeunes filles, à l'encontre des garçons, n'aiment ni la promenade, ni la marche, quand on ne leur en a pas fait contracter de bonne heure la bienfaisante habitude. Elles passeraient volontiers toutes leurs récréations dans les études ou les classes, si on les laissait libres d'y causer entre elles et de s'y livrer à ces divertissements paisibles, qui ne demandent aucun mouvement et qui leur plaisent par-dessus tout.

J'en ai connu qui passaient toute l'année à la campagne, dans le séjour le plus riant, le plus salubre et qui y étaient devenues aussi nerveuses, aussi anémiques que leurs compagnes des grandes villes. Je cherchais à me rendre compte des causes qui avaient produit cet état singulier, et j'appris que ces fillettes avaient un éloignement insurmontable pour la promenade, qu'elles redoutaient le soleil, le vent, qu'après un tour de jardin ou une courte excursion dans le parc, elles prétextaient de la fatigue et demandaient, avec instance, à rentrer pour reprendre leur lecture, leur dessin, leur piano ou leur tapisserie.

Ce goût pour la claustration tient à ce qu'on n'a pas su leur inspirer l'amour du grand. air, de la campagne, et l'attrait pour les choses qui s'y passent, parce qu'on ne s'est pas donné la peine de les intéresser à la vie des champs, à toutes ces petites merveilles que l'histoire naturelle développe sous leurs yeux, dans le règne végétal comme dans le monde des oiseaux et des insectes, et qui passionnent les vieux savants que de longues études ont initiés à ces mystères. La campagne ne leur dit rien, parce qu'elles ne la comprennent pas et que personne ne la leur explique.

La même indifférence pour le grand air se fait remarquer dans les pensionnats, comme dans les couvents. Je ne parle pas de ceux qui sont situés dans l'intérieur des villes, où le défaut d'espace rend la promenade et les exercices de plein air impossibles; mais la plupart des grands établissements d'instruction, surtout ceux qui sont tenus par des congrégations religieuses, sont situés hors des villes, ou dans les quartiers excentriques; ils ont de grands jardins, parfois même des prairies, où les jeunes filles pourraient se livrer à tous les exercices qui leur conviennent; mais elles n'en profitent pas, d'abord parce qu'on leur interdit l'accès de la plus grande partie de ces dépendances et ensuite parce qu'elles n'ont qu'une couple d'heures par jour de récréation, sur lesquelles il faut prendre le temps des leçons de musique et de dessin.

Pendant ces courts intervalles de repos, elles se promènent tranquillement, comme font les garçons dans les cours des collèges. Je sais qu'il est des pensionnats et des couvents dans lesquels on s'efforce de faire jouer les élèves, où les maîtresses se mettent de la partie; mais, dans tous, le temps passé au grand air est insuffisant pour la santé. Il n'y a assurément pas un établissement en France dans lequel les jeunes filles passent moins de vingt heures par jour renfermées, et à peu près immobiles, dans l'atmosphère confinée et par conséquent malsaine des classes, des études et des dortoirs.

Cet incroyable excès de sédentarité, ce mauvais air incessamment respiré, cette immobilité si longtemps maintenue, n'ont pas seulement pour effet d'imprimer à la constitution des jeunes filles le fâcheux caractère que j'ai signalé plus haut; cette existence à rebours a encore pour résultat de produire un certain nombre d'affections qu'on désigne, en raison de leur origine, sous le nom de *maladies scolaires*, et que je vais passer rapidement en revue.

II. — Les maladies scolaires.

On a sensiblement exagéré le nombre et la gravité des maladies qui peuvent être le résultat d'une éducation physique mal dirigée; mais ce n'est pas une raison pour les nier. Les déviations de la taille et la myopie, par exemple, sont incontestablement le résultat de la vie scolaire.

Les déformations de la colonne vertébrale sont souvent causées par le rachitisme ou par le mal de Pott; mais celles-là ne sont pas en cause : il n'est question ici que de ces incurvations légères, qui constituent plutôt une difformité qu'un péril, mais qui faisaient trembler Mme de Maintenon [1] et qui sont encore un sujet d'effroi pour les mères.

Ces courbures anormales sont le résultat d'attitudes vicieuses trop longtemps conservées, et la conséquence de l'immobilité, de la sédentarité à outrance dont j'ai déjà signalé les dangers. Les petites filles forcées de se tenir assises, dans la même position, lorsque leur colonne vertébrale n'a pas encore la rigidité nécessaire pour supporter le poids de la tête et que leurs muscles n'ont pas la vigueur qu'il leur faudrait pour la tenir droite, s'affaissent sur elles-mêmes, se voûtent, s'inclinent à droite ou à gauche et finissent par adopter une attitude qui devient perma-

---

1. Ce modèle des institutrices recommande, à chaque instant, dans ses lettres, de s'occuper de la taille des demoiselles de Saint-Cyr et de leur faire porter des « corps », pour la redresser; car, disait-elle, si elles deviennent bossues, elles ne trouveront personne qui en veuille, n'ayant pas d'ailleurs une fortune qui fasse passer par-dessus la difformité.

nente au bout de quelque temps. Il est facile d'en triompher au début; mais, quand la mauvaise habitude persiste, l'incurvation qui en résulte se maintient également. Les ligaments de la colonne vertébrale se relâchent, les surfaces articulaires se déforment et la déviation du rachis devient définitive.

Parmi ces difformités, il en est une qui est absolument typique. Elle est le résultat de l'attitude que les enfants prennent pour écrire, surtout lorsqu'on leur fait suivre la méthode anglaise, dont les caractères sont très inclinés. Elle consiste dans une courbure unique, dont la convexité est tournée à gauche et s'accompagne de l'élévation de l'épaule correspondante. Lorsqu'on examine la jeune fille qui en est atteinte, on reconnaît que les deux côtés de la poitrine ne sont pas semblables et qu'il y a, en arrière, une saillie formée par l'épaule gauche qui paraît plus détachée que la droite et plus éloignée des côtes.

Cette déformation se produit entre six et quatorze ans. Elle est plus commune chez les jeunes filles que chez les garçons, parce qu'on s'applique davantage à leur donner une écriture correcte et que l'anglaise est enseignée dans tous les établissements d'instruction; Georges Sand en avait déjà signalé les inconvénients. C'est elle qui a formulé pour la première fois le précepte : *corps droit, écriture droite*, qui nous revient aujourd'hui, après avoir passé par l'Allemagne.

Dans un manuel d'hygiène scolaire qu'ils ont fait paraître en 1887, MM. Dubrisay et Yvon citent une école suisse où l'on comptait, en 1886, 640 élèves atteints de cette incurvation caractéristique sur 709. En admettant qu'elle ait été bien réellement constatée, cette proportion est exceptionnelle. Les observations du même genre publiées en France et à l'étranger m'ont donné une moyenne de 30 pour 100. Tout récemment, M. Javal, en parlant à l'Académie de médecine de cette déformation, s'exprimait ainsi : « J'ai eu sous les yeux une photographie représentant deux classes, l'une où les enfants ont appris à écrire droit et l'autre où ils se servaient de l'écriture penchée. Dans cette dernière, l'attitude de la plupart d'entre eux était déplorable, tandis que dans la première, presque tous se tenaient d'une façon correcte [1]. »

La grande courbure latérale gauche est donc bien la conséquence d'une position fâcheuse prise en écrivant. Les jeunes filles se couchent sur leur papier, en le fixant à l'aide de la main et de

1. Dr Javal, séance de l'Académie de médecine du 18 juillet 1891, *Bulletin de l'Académie*, t. XXVI, p. 207.

l'avant-bras gauches, l'épaule se relève dans le même sens et la colonne vertébrale s'incurve. La fréquence de cette déviation est de nature à faire réfléchir les mères.

Elle leur montre le danger des attitudes vicieuses et de la station assise prolongée; elle fait voir la rapidité avec laquelle le squelette se déforme chez les enfants, sous l'influence des mauvaises positions qu'il leur est si difficile de ne pas prendre, lorsqu'on les condamne à une immobilité contre laquelle proteste leur organisation morale et physique.

La myopie, si l'on fait abstraction des cas où elle est héréditaire et qui sont fort rares, la myopie est toujours d'origine scolaire. Elle est due aux efforts répétés d'accommodation que font les enfants, lorsqu'on les oblige à regarder pendant longtemps de petits caractères, des lignes déliées, qu'ils ne peuvent distinguer qu'à la condition de s'en approcher de très près, et surtout lorsque ces objets sont insuffisamment éclairés. Les filles y sont moins sujettes que les garçons, parce qu'elles ne sont pas soumises à un entraînement intellectuel aussi exagéré; parce qu'elles sont exemptes du travail des épures, de l'exécution des dessins au tire-ligne qu'exigent les hautes mathématiques. En revanche, elles ont les ouvrages à l'aiguille, les broderies fines qui nécessitent aussi une dangereuse accommodation.

Un ophtalmologiste de Breslau, le docteur Cohn, dans une conférence faite le 18 septembre 1880, à la séance générale de la cinquante-troisième réunion des naturalistes et médecins allemands, a communiqué, à ses collègues, une statistique portant sur 40 000 élèves, et de laquelle il résulte qu'on ne trouve, dans les écoles de filles, que 10 à 24 pour 100 de myopes, tandis que leur chiffre oscille entre 35 et 60 pour 100 parmi les garçons des *gymnases* et des *écoles réales*, pendant les deux dernières années de leurs études. La myopie a des conséquences moins graves pour les femmes que pour les hommes qu'elle rend inaptes à embrasser les carrières pour lesquelles une bonne vue est indispensable.

Ces infirmités sont fâcheuses sans doute, mais elles ne compromettent pas la vie. Il n'en est pas de même des maladies dont je vais parler. Il n'y en a pas qui soit spéciale à la vie scolaire, qui soit, comme la déviation de la taille et la myopie, le produit de la sédentarité; mais ce genre d'existence rend plus fréquentes les névroses, les troubles digestifs et même la phtisie. Enfin il a une influence directe sur la production de l'aménorrhée.

Cette dernière maladie est le fléau des couvents, des pensionnats, de tous les établissements dans lesquels les jeunes filles vivent enfermées; c'est le produit direct de la sédentarité. Il en est de même de la chlorose et des troubles nerveux qui surviennent fatalement, lorsque cette importante fonction ne s'établit pas d'une manière normale. La dyspepsie, l'inappétence arrivent à la suite et complètent ce triste assemblage; mais, en somme, tout cela guérit en changeant d'existence et de régime. Il n'en est pas de même de la tuberculose, lorsqu'on a le malheur de la contracter.

La vie scolaire y prédispose, d'abord en faisant vivre les jeunes filles dans un air insuffisamment renouvelé, que chacune d'elles respire et renvoie à sa voisine douze cents fois par heure, ensuite en les exposant, dans les dortoirs, au voisinage d'élèves déjà atteintes et arrivées à la période où la tuberculose peut se transmettre. Il faut joindre à cela le défaut d'exercice qui ne permet pas à la poitrine de se développer et de faire entrer l'air jusqu'au fond des vésicules pulmonaires, par des inspirations larges et profondes, comme cela se fait pendant la course et les jeux. Il ne faut pas toutefois exagérer le mal. Les cas de phtisie transmise sont rares, dans les pensionnats comme ailleurs; toutefois la maladie y fait plus de victimes que parmi les jeunes filles élevées dans leurs familles.

Ces dernières ne mènent pourtant pas une existence beaucoup plus hygiénique. Elles n'ont pas les inconvénients de la vie en commun; elles ne ruminent pas l'air vicié par la respiration de leurs camarades, mais le séjour de la chambre maternelle n'est guère plus salutaire. L'air n'y est pas plus souvent renouvelé. Autrefois, il entrait par les portes mal jointes, par les fissures des fenêtres, et il faisait presque aussi froid dans les appartements que dans la rue. Le feu qu'on allumait dans les grandes cheminées, ne chauffait que la partie de la chambre située dans son voisinage et ne rayonnait pas au delà d'un mètre ou deux. L'hiver on avait toujours froid dans ces habitations mal closes; aussi avait-on l'habitude de s'y tenir aussi chaudement vêtu que dehors. Un pareil séjour était assurément désagréable; mais il n'était pas insalubre. On s'habituait à cette impression vivifiante et on s'endurcissait au froid.

Les progrès de la civilisation ont complètement changé ces conditions. Les architectes ont assaini nos maisons, les ont rendues plus claires, moins humides, mieux closes; ils ont multiplié et agrandi les fenêtres et rien ne serait plus facile que de faire entrer à flots l'air et la lumière dans nos appartements; mais on se garde bien de le faire. Ces belles fenêtres s'ouvrent rarement. Elles sont garnies de stores, de rideaux, qui empêchent le jour de passer. Toutes les pièces sont couvertes de tapis qui emmagasinent les poussières et les miasmes. Il en est de même des escaliers et des couloirs.

Les portes sont bien closes; il n'existe plus de fissures pour laisser entrer l'air du dehors, et des calorifères, placés dans le sous-sol, répandent, dans toute la maison, leur chaleur sèche, uniforme et malsaine. Dans les salons convertis en serres chaudes, on élève des fleurs, des plantes, des arbustes exotiques qui y répandent leurs parfums et leurs émanations et c'est dans ce milieu énervant, dans cette demi-obscurité, que, dans certaines familles, les jeunes filles passent leur vie presque tout entière, occupées, comme leurs mères, à des travaux d'aiguille, à des lectures ou à des jeux bien calmes, en compagnie de leurs petites amies sages comme elles.

Elles se forment entre elles à la vie du monde, en imitant de leur mieux la tenue, les gestes et même les conversations des amies que leurs mères reçoivent en visite. Leurs récréations elles-mêmes ne sont que le reflet des plaisirs de leurs mères; ce sont des baptêmes, des mariages de poupées, avec accompagnement de colifichets, d'objets de toilette minuscules, de boîtes de bonbons pour le baptème, de cadeaux de noces pour la mariée.

En ce qui concerne l'exercice, les plus riches ne sortent guère qu'en voiture, pour faire des visites, se rendre à quelque réunion publique, ou faire une courte promenade, dans les lieux où il est de bon ton de se montrer à certaines heures.

Une existence pareille ne peut donner naissance qu'à des organismes débiles, où le système nerveux acquiert une déplorable prédominance, pendant que les muscles s'atrophient et que le sang s'appauvrit. Lorsque la puberté arrive, c'est une crise redoutable. C'est alors qu'apparaissent les spasmes, les vapeurs et tout le cortège des phénomènes précurseurs de l'hystérie. On en a raison, en envoyant ces jeunes filles aux bains de mer, aux eaux thermales, en faisant intervenir le quinquina, le fer, l'hydrothérapie. La fonction s'établit tant bien que mal; mais la disposition névropathique persiste et c'est dans cet état qu'elles affrontent l'épreuve du mariage et celle de la maternité. Comment s'étonner, après cela, des tristes résultats d'unions ainsi contractées et du peu de vigueur des rejetons qui en résultent!

Loin de moi la pensée d'attribuer un genre de vie aussi déraisonnable à la majorité des familles riches et maîtresses de conduire leur existence à leur gré. Le tableau que je viens de tracer ne se rapporte qu'à un certain monde très en évidence et dont on s'occupe beaucoup, mais qui est loin de représenter l'élite de la société française. Le plus grand nombre des mères qui appartiennent à cette classe privilégiée savent élever leurs filles de façon à en faire des femmes sérieuses et distinguées; mais les plus soucieuses de bien remplir ce grand devoir, ne font pas à l'hygiène la place qui doit lui revenir, dans une éducation bien dirigée. Leurs filles vivent trop renfermées et ne font pas assez d'exercice au grand air. C'est toute une réforme à opérer dans nos mœurs, je le sais bien, mais la santé des générations futures est à ce prix.

Les hygiénistes auront, pour atteindre leur but, à lutter contre les habitudes contractées, contre la difficulté de concilier les exigences de l'étude avec ce nouveau genre de vie, et enfin contre la crainte du mauvais temps. Les habitudes sont tenaces quand tout conspire à les enraciner. Les mères de famille ont le même éloignement que leurs filles, pour un genre de vie dont elles ne comprennent pas les charmes. La promenade monotone toujours aux mêmes lieux ne plaît pas plus aux unes qu'aux autres. Pour leur donner de l'attrait, il faudrait les varier et leur assigner un but.

A la campagne, rien n'est plus facile ; on n'a que l'embarras du choix. On peut se diriger chaque jour vers un nouveau site et la variété des objets qu'on rencontre sur la route, les industries qui s'exercent dans les faubourgs, les cultures et leurs différentes phases, la vie des champs, en un mot, fournissent, à une mère intelligente, des sujets de conversation intéressants, instructifs et variés, sans qu'elle ait besoin pour cela de faire étalage d'érudition. Cet enseignement pratique, ces leçons de choses, comme on les nomme aujourd'hui, se donnent sans fatigue, sans travail et se gravent dans la mémoire d'une manière définitive.

La vue des champs, des bois, des sentiers ensoleillés, des prairies émaillées de fleurs, tout cela éveille chez les enfants des impressions d'une fraîcheur, d'une vivacité sans égales et qu'on ne peut ressentir qu'à cet âge de la vie. Ce sont des souvenirs qu'on amasse pour la vieillesse.

et c'est une des plus grandes joies qu'on puisse éprouver, au déclin de la vie, que de repasser dans les sentiers de son enfance et d'y retrouver, à la vue des mêmes objets, des sensations qu'on croyait à tout jamais disparues. C'est un plaisir que je me donne tous les ans et dont je ne me lasse pas. Il faut donc faire sortir les jeunes filles tous les jours et les conduire à la campagne, toutes les fois que le mauvais temps ne s'y oppose pas d'une manière absolue.

Lorsqu'on habite une grande ville et que la campagne est trop éloignée, on a les jardins publics, les musées, les monuments qu'on peut aller visiter et puis les jeux en commun pour lesquels il est facile de s'entendre. Je reviendrai tout à l'heure sur ce sujet.

La perte de temps qui résulte de la vie au grand air sera une difficulté, tant qu'on voudra faire entrer de force, dans la mémoire des jeunes filles, une foule de connaissances dont elles ne trouveront jamais l'emploi, tant qu'on n'aura pas renoncé définitivement aux méthodes d'enseignement surannées qu'on suit encore partout, bien que tout le monde soit fixé sur leur compte.

La crainte des refroidissements est un préjugé enraciné dans les classes aisées de la société française et contre lequel il est indispensable de réagir. Les vicissitudes atmosphériques, loin d'être nuisibles à la santé, lui sont au contraire profitables. Elles mettent en jeu l'activité fonctionnelle de la peau, comme l'exercice met en jeu celle des muscles. La peau se contracte sous l'influence du froid et chasse le sang des petits vaisseaux qu'elle renferme dans son épaisseur. Lorsque cette impression se prolonge, il peut en résulter des congestions, dues au refoulement du sang dans les organes intérieurs ; mais, lorsque le refroidissement n'est pas trop prolongé, ce refoulement momentané ne produit aucun trouble fonctionnel. Il se produit bientôt un mouvement en sens inverse qui ramène le sang vers la peau ; celle-ci rougit et s'échauffe. C'est à ce phénomène de retour qu'on donne le nom de réaction et c'est grâce à lui que l'organisme se défend contre les refroidissements ; mais il faut pour cela que la peau fonctionne bien, qu'elle soit exercée à cette double action, pour ne pas perdre son énergie.

« Les variations brusques de température, dit le docteur Lagrange, constituent, pour notre enveloppe cutanée, une véritable gymnastique, en y provoquant des sensations successives de chaud et de froid qui amènent les alternatives de contraction et de relâchement. » C'est ainsi qu'agissent les lotions fraîches dont je parlerai plus loin.

Elles font subir à la peau un véritable entraînement, grâce auquel elle accomplit, avec plus
d'énergie et de sûreté, sa fonction régulatrice de
la température. L'hydrothérapie est le moyen par
excellence pour combattre cette impressionnabilité maladive qui met la santé à la merci du
moindre courant d'air.

En vivant dans un milieu maintenu à une température uniforme, on condamne son enveloppe
extérieure à l'inaction, et elle perd rapidement
son activité. C'est pour cela que les climats con-
stants ne conviennent qu'aux valétudinaires. Les
hommes vigoureux s'y énervent et perdent leurs
forces. Le retour dans les pays froids devient pour
eux une dangereuse épreuve, de même que les
enfants qu'on élève en serre chaude, ne peuvent
pas sortir par un temps un peu froid, sans contracter un rhume.

Les personnes qui, par profession, sont exposées aux intempéries, s'enrhument moins souvent
que les gens du monde qui mènent la vie de
cabinet. Les indigènes de la Terre de Feu vivent
sous le cinquante-cinquième degré de latitude sud,
sous le climat le plus dur, le plus variable qui soit
au monde. Ils sont à moitié nus; ils habitent des
huttes qui ne ferment pas et passent leur vie à
parcourir des plages désolées, pour y chercher

leur nourriture. Tant qu'ils mènent cette rude existence, ils se portent à merveille; mais ils deviennent phtisiques, lorsqu'ils l'abandonnent pour habiter des cases bien closes et se livrer à des travaux sédentaires.

Les enfants du peuple qui jouent dans la neige et sous la pluie, à demi vêtus, sont bien moins souvent malades que ceux des classes riches, qui ne sortent que quelques heures, emmitouflés dans des fourrures et surchargés de vêtements de laine. Les petits scrofuleux qu'on traite dans les hôpitaux marins, passent tout leur temps sur la plage, prennent des bains de mer tous les jours et cela sur les bords de la Manche et de l'Océan, comme dans les sanatoria de la Méditerranée. Ils s'en trouvent fort bien.

En parlant des vêtements, je reviendrai sur le danger de trop couvrir les enfants. Pour le moment, je me borne à insister sur ce fait, qu'il faut les habituer aux intempéries, aux alternatives de chaud et de froid et, pour cela, il faut les faire sortir tous les jours, quelque temps qu'il fasse, les filles comme les garçons, à moins qu'elles ne soient malades. Elles ne naissent pas frileuses. Celles qu'on voit grelotter, sur leur petite chaise, au coin du feu, pelotonnées dans des châles de laine, sont des malades qu'il faut traiter. Les autres ont besoin d'un bain d'air quotidien et prolongé. Elles doivent sortir tous les jours, pour s'habituer aux intempéries, pour contracter cet appétit du froid que connaissent si bien les gens qui ont l'habitude du *tub* matinal.

III. — Les exercices et les jeux.

Lorsque les jeunes filles sont dehors, elles ne doivent pas rester immobiles, ou se promener d'un pas lent et fatigué, comme les personnes âgées; il faut qu'elles jouent, se donnent du mouvement, et pour cela, il faut qu'elles y trouvent de l'attrait.

L'exercice qui met en jeu le système musculaire est le grand régulateur des fonctions organiques. Or il en est une, d'une importance capitale dans la vie de la femme et qui ne commence que lorsqu'elle est sortie de l'enfance. Pour qu'elle s'établisse, sans crise et sans amener de troubles graves de la santé, il faut qu'elle soit préparée par une bonne hygiène. Toutes les mères savaient autrefois qu'il faut faire beaucoup marcher les jeunes filles à ce moment-là, la marche étant le seul exercice physique qui soit dans les habitudes féminines.

Les filles, et nous en avons donné les raisons,

ne se prêtent qu'à regret à cette locomotion monotone; on peut aujourd'hui rendre l'exercice plus attrayant et on en a compris la nécessité. Ce qu'on fait à regret ne profite guère à la santé. L'entrain, la gaieté, le rire, sont l'apanage et le privilège de la jeunesse.

Je ne trouve rien de triste à voir comme une réunion de jeunes filles qui ont l'air de s'ennuyer. C'est si peu naturel à cet âge, où on rit d'une mouche qui vole, où on s'amuse d'un rien, qu'il faut qu'il y ait là un vice d'éducation. C'est la faute de celles qui les dirigent. Le grand art de l'éducation, dit Fonssagrives, est de conduire les enfants à aimer ce qui leur est utile. Si les jeunes filles ont renoncé, comme les jeunes garçons, aux divertissements de leur âge, si elles semblent prendre plaisir à se vieillir avant le temps, c'est parce qu'on n'a rien fait pour entretenir chez elles le goût des jeux et des exercices. On a fait tout le contraire. La vie trop sérieuse et trop sédentaire qu'on leur fait mener, ne peut que les éloigner des distractions enfantines. Il faut revenir là-dessus.

Depuis une vingtaine d'années, il s'est produit en France un mouvement des plus marqués en faveur des idées que je viens d'exposer. La campagne contre le surmenage et la sédentarité scolaires a été menée avec ardeur dans les sociétés savantes et dans la presse. Elle a eu son retentissement à la tribune de la Chambre des députés; l'Université s'en est émue, et elle s'est associée au mouvement, pour le diriger et le conduire. Quelques modifications ont été introduites dans le régime des lycées en ce qui a trait à l'éducation physique; mais on ne s'est encore occupé que des garçons et il est temps de faire l'application de ces principes à l'éducation des filles.

Les besoins de l'organisme sont les mêmes dans les deux sexes, mais les exercices et les jeux doivent être différents. La plupart de ceux qu'on recommande aux garçons et qui ont été, depuis quelques années, l'objet d'études sérieuses, ne peuvent pas convenir aux filles. L'éducation athlétique, les exercices violents ne sont pas leur fait. Il ne s'agit pas d'en faire des clowns, ni des viragos, il ne faut rien leur ôter de la grâce de leur sexe. Les jeux, les exercices qui leur conviennent doivent avoir pour but de développer leur système musculaire et le jeu de la poitrine, de donner à leurs mouvements la précision, l'harmonie et l'élégance qui résultent d'un usage quotidien et bien dirigé. Le sport, avec son entraînement et ses luttes, ne leur sied pas du tout.

On doit, pour elles, s'en tenir aux jeux qui

procèdent de la course et du saut, à ceux qui n'exigent qu'un déploiement de force très modéré et auxquels on peut se livrer à peu près partout, car il ne peut pas être question de créer, pour les jeunes filles, des champs de manœuvre, des parcs scolaires, comme ceux que le comité pour la propagation des exercices physiques dans l'éducation, s'est efforcé de trouver, pour les lycées, dans les environs de Paris.

La course est un exercice des plus salutaires et des plus attrayants. Les familles, quelques médecins même, le redoutent parce qu'il produit l'essoufflement et qu'il accélère les battements du cœur; mais c'est là une question de mesure et d'accoutumance. Tous les exercices physiques doivent être administrés à dose modérée et croissante. Si l'on soumet brusquement à des courses longues et rapides de jeunes sujets qui n'y sont pas habitués, il en est un certain nombre qui seront atteints de palpitations. Quelques-uns même, si cet abus se prolonge, pourront voir survenir une hypertrophie du cœur. C'est ce qu'on observe souvent dans les régiments où l'on fait subir aux conscrits un véritable entraînement, en leur faisant soutenir longtemps le pas gymnastique. Ce sont, pour la plupart, de jeunes paysans qui n'ont jamais couru, qui ne sont pas familiarisés avec cette allure. Les collégiens au contraire, qui de bonne heure s'exercent à la course, arrivent à la supporter sans la moindre gêne.

C'est une affaire d'habitude, mais, pour les filles, il n'est pas question de cela; il ne s'agit pas de les faire entrer en lutte pour franchir, dans un temps donné, un espace déterminé, il n'est question que de jeux dont la course est un élément, comme les barres, les quatre coins, les voisins, le veuf, etc. Dans ces conditions, la course n'est jamais prolongée, elle ne peut produire ni l'essoufflement, ni les battements de cœur, mais elle suffit pour faire mouvoir largement la cage thoracique et pour donner une grande activité à la respiration. En principe, il faut préférer les exercices des jambes à ceux des bras, quand on cherche à développer la poitrine et à relever les côtes. Les premiers représentent une somme de travail beaucoup plus grande que les autres et le développement du thorax est en rapport direct avec le travail produit. Il ne se dilate que lorsque la masse du sang surchargé d'acide carbonique, exige une plus grande quantité d'air pour se vivifier.

La sensation du besoin plus urgent de respirer que cet afflux détermine, la soif d'air provoquent le mouvement instinctif par lequel les côtes se soulèvent avec énergie, pour attirer dans la cavité thoracique la plus grande quantité possible d'air atmosphérique. C'est ainsi que se produit l'essoufflement, qui n'a rien de fâcheux lorsqu'il est modéré, et c'est de cette façon que la course exerce une influence marquée sur la santé générale et sur l'accroissement des forces [1].

Le jeu du cerceau a les mêmes avantages que ceux que j'ai cités plus haut et, de plus, il exige une certaine adresse. Il permet, à la jeune fille qui s'y livre, de ralentir ou d'accélérer sa course, en imprimant au cerceau un mouvement de rotation plus ou moins rapide et de l'arrêter quand elle se sent fatiguée.

Les jeux dans lesquels on fait intervenir le saut sont de même ordre que les précédents; mais ils donnent lieu à des considérations un peu différentes. Dans le saut, l'effort est brusque, instantané; toutes les forces musculaires sont appelées à y participer; il met en jeu la souplesse, l'élasticité et la vigueur; mais il ne peut se répéter longtemps sans danger.

Pour les jeunes filles, il ne s'agit pas de les exercer à franchir, d'un bond, un ruisseau ou un fossé, à bondir par-dessus une barrière, à s'aider

1. Fernand Lagrange, *Physiologie des exercices du corps*, Paris, 1889, p. 277.

d'une perche pour s'élancer à grande distance,
tout cela ce sont jeux de garçons; mais les jeunes
filles en ont un qui n'est pas absolument sans
danger, c'est celui de la corde, soit qu'elles la
fassent tourner elles-mêmes, soit qu'elles suivent le mouvement de rotation imprimé à une
corde longue par deux de leurs amies. Il en est
qui deviennent très habiles à ce jeu et alors
l'émulation s'en mêle; le désir de ne pas interrompre une série brillante les conduit à des efforts
trop prolongés. Lorsqu'elles s'arrêtent enfin, elles
sont haletantes, leur cœur bat avec violence et si
cela se répète plusieurs fois de suite, et tous les
jours, il peut en résulter, comme pour la course,
une hypertrophie du cœur.

La dépense de force musculaire qui se fait en
sautant à la corde a été calculée par le docteur
Lagrange qui fait autorité en cette matière, et elle
dépasse celle des exercices gymnastiques les plus
fatigants. Chaque saut atteint une hauteur de
10 centimètres environ et se renouvelle cent fois
par minute. La force dépensée, pendant ce temps,
par la jeune fille, suffirait donc pour élever son
corps à une hauteur de dix mètres. Or, il n'y a
pas beaucoup de gymnasiarques capables de
grimper à une hauteur de 10 mètres, en une
minute, à la force des poignets. Il n'y en a proba-

blement aucun qui pourrait continuer cette ascension, pendant trois minutes, à la même vitesse, tandis qu'il y a bon nombre de petites filles qui peuvent sauter à la corde pendant cinq minutes et plus sans s'arrêter.

Dans l'acte de sauter à la corde, le travail n'est pas exécuté avec les mêmes muscles que dans celui de grimper à la corde lisse : aussi les effets locaux des deux exercices sont-ils différents; mais si, dans les deux cas, le nombre de kilogrammètres effectués est le même, les effets généraux du travail seront identiques, car les modifications des grandes fonctions organiques, et en particulier celles de la respiration, *sont en raison directe de la somme de travail effectué dans un temps donné.* Or, dans l'application de l'exercice à l'hygiène, ce sont surtout les effets généraux du travail qu'on recherche; on veut activer le cours du sang, augmenter la puissance du mouvement respiratoire, associer en un mot toutes les grandes fonctions de l'économie au travail [1].

Si l'assimilation précédente ne paraissait pas légitime, on pourrait rendre la même pensée, en disant qu'une jeune fille qui saute à la corde, pendant cinq minutes, fait le même effort que si elle

1. Fernand Lagrange, *Physiologie des exercices du corps*, Paris, 1889, p. 210.

montait, en courant et d'un trait, au sommet de l'Arc de Triomphe. Il ne résulte pas de tout cela qu'il faille interdire aux jeunes filles un des jeux qui ont pour elles le plus d'attrait; mais il faut les surveiller pour empêcher qu'elles n'en abusent.

La *marelle* n'offre pas les mêmes inconvénients. C'est un jeu éminemment français et qui consiste, comme on le sait, à chasser, en sautant à cloche-pied, un palet ou *marelle* et à lui faire franchir, sans s'arrêter dessus, les lignes plus ou moins compliquées d'une figure tracée sur le sol. Ce jeu, très simple et très attrayant, met en action la force musculaire et la fonction respiratoire; il demande en même temps de l'adresse et du coup d'œil. Il n'a d'autre inconvénient que d'user la semelle des souliers [1].

Les échasses sont encore en usage dans certains pensionnats. C'est un jeu en même temps qu'un exercice d'équilibre. Il expose toutefois aux chutes et convient en somme plutôt aux garçons qu'aux filles.

Les jeux de balles et de ballon, tels qu'on les pratique dans les lycées et qu'on les décrit dans les traités spéciaux, sont des exercices trop vio-

---

1. Ph. Daryl, *la Marelle* (Bulletin de la Ligue nationale de l'éducation physique, avril 1889, n° 6, p. 5).

lents pour des jeunes filles. Il en est un pourtant qu'elle ont adopté depuis quelques années et qui est devenu promptement à la mode. C'est le *lawn-tennis*. Il nous vient d'Angleterre et doit probablement sa popularité à son origine.

Ce fut en 1873 qu'un officier anglais, le major Wingfield, se trouvant dans l'Inde où les distractions n'abondent pas, eut l'idée d'imaginer un jeu moins difficile et moins violent que la paume et qui pût être joué par les dames. Il prit le filet de la courte paume, le terrain de la longue paume, dans des dimensions plus restreintes, et combina les règles de ces deux jeux.

Le *lawn-tennis* consiste à renvoyer les balles à l'aide de raquettes, par-dessus un filet tendu verticalement en travers du *cours*; c'est ainsi qu'on nomme l'emplacement sur lequel on joue et qui doit être aussi uni que possible. Le gazon doit être bien tondu et cylindré. En hiver, on joue sur des planchers en bois, ou sur un emplacement macadamisé, asphalté ou tout simplement recouvert d'une couche de ciment de Portland.

Les balles réglementaires doivent être en caoutchouc, creuses et recouvertes de drap. Elles ont de 63 à 65 millimètres de diamètre et pèsent de 55 à 60 grammes. Les raquettes sont semblables à celles du jeu de paume, mais plus longues et plus légères.

Le *lawn-tennis* est un passe-temps des plus agréables et un des meilleurs exercices que les jeunes filles puissent adopter. Il est hygiénique, comme tous les jeux auxquels on se livre en plein air, et sa pratique donne au corps de la souplesse et de l'élégance, tout en développant les muscles des bras et des jambes et en fortifiant les organes respiratoires.

C'est une lutte continuelle d'adresse, d'agilité et de finesse qui développe le coup d'œil, demande du sang-froid et nécessite un certain développement de force.

Son installation est facile, partout où se trouve un terrain plat, une pelouse, une plage. On peut tendre un filet et se livrer à ce passe-temps, à la campagne comme aux bords de la mer, et c'est un des rares jeux auxquels les jeunes gens des deux sexes peuvent se livrer en même temps. On a adopté, pour son usage, un costume en flanelle blanche, avec des souliers dits de *lawn-tennis*, mais il n'est pas indispensable [1].

Il est un autre jeu également venu d'Angleterre et qui a fait fureur il y a une vingtaine d'années,

1. Pour les règles du *lawn-tennis*, voir : G. de Saint-Clair, *Jeux et Exercices en plein air*, 2ᵉ édit., Paris, 1889, p. 150.

c'est le *croquet*. C'est un divertissement bien tranquille et qui consiste à pousser une boule, en la frappant avec un maillet à long manche, de manière à la faire passer sous un certain nombre d'arceaux en fil de fer disposés d'une façon particulière, sur l'emplacement qu'on a choisi.

La passion avec laquelle les petites filles se livrent à ce jeu qui ne semble pas avoir par lui-même un attrait bien puissant, prouve combien il est facile de les intéresser aux exercices de plein air, lorsqu'on veut bien en prendre la peine. Le *croquet* n'exige pas de grands mouvements; la dépense de force y est très minime, mais il maintient les jeunes filles au grand air, il les force à se mouvoir, il exerce leur adresse et surtout il les amuse, ce qui est le point capital. On semble trop oublier en effet que, pour l'enfant, le plaisir n'est pas seulement une satisfaction morale; c'est aussi une nécessité hygiénique. Le jeu de *croquet* exige un petit matériel qui n'est pas bien dispendieux et peut s'installer sur le premier terrain venu, pourvu qu'il ne soit ni trop raboteux ni trop en pente.

Le volant et les grâces sont des jeux plus simples, demandant moins d'attirail et par conséquent plus susceptibles de généralisation. Aussi sont-ils beaucoup plus répandus. Ils consistent à se renvoyer de l'une à l'autre, un corps léger, un volant dans le premier cas, un petit cerceau dans le second. Pour lancer le volant on se sert de raquettes, pour les grâces ce sont des baguettes en bois. Ces divertissements sont connus de tout le monde, et il est inutile d'y insister. De tous les jeux de ce genre, ce sont ceux qui comportent la moindre somme d'exercice; car il est à peine nécessaire de faire quelques pas dans un sens ou dans l'autre, pour recevoir et renvoyer le projectile, et de se baisser de temps en temps pour le ramasser.

Le sabot n'est guère en usage que chez les enfants du premier âge; mais il les divertit prodigieusement. C'est merveille de voir l'entrain, l'animation et la grâce avec laquelle les toutes petites filles font pirouetter cette petite toupie, en la frappant de côté, avec leur fouet en peau d'anguille.

Il est un jeu qui plaît encore à toutes les jeunes filles : c'est l'*escarpolette*, et l'installation en est facile pourvu qu'on ait une cour ou un jardin. C'est un exercice passif, pour celles qui sont assises sur le siège; mais il est très actif pour leurs compagnes qui les font mouvoir et elles peuvent alterner.

J'ai gardé pour la fin le jeu qui a le plus d'attrait

pour la majorité des jeunes filles et celui qui leur convient le mieux; c'est la danse. Je ne veux pas parler de celle à laquelle elles se livreront plus tard, en toilette de bal, au son d'un orchestre, dans l'atmosphère impure et surchauffée des salons; celle-là n'a rien à voir avec l'hygiène; je veux parler de la danse naïve et primitive des petites filles qui tournent en rond sur l'herbe, en se tenant par la main et en chantant les bons vieux airs français que la tradition a conservés et qu'elles se transmettent les unes aux autres. « Ces refrains, dit Fonssagrives, où l'on répète cent fois, sans se lasser, les mêmes mots aussi vides de sens que pleins de gaieté, où l'on gourmande le sommeil du *Meunier*, où l'on menace d'abattre la *Tour*, où l'on célèbre l'amitié de la *fille à Guillaume*, où l'on fait le dénombrement des gens qui passent sur le *pont d'Avignon*, mélopée charmante qui réunit l'idée historique à la pastorale, *Malborough* au *compagnon de la Marjolaine*, la *Boulangère* à *Biron* et résout tout cela dans la plus franche et la plus intarissable gaieté. Pourvu que la ronde ne s'en aille pas au moins [1]! »

Ces danses joyeuses constituent l'exercice le plus complet à tous les points de vue, le mieux

1. J.-B. Fonssagrives, *l'Éducation physique des jeunes filles*, *loc. cit.*, p. 98.

fait pour développer la grâce et l'harmonie des attitudes, favoriser le jeu des poumons et des organes de la voix. Il a de plus l'avantage de ne demander ni installation ni apprentissage.

On peut danser partout, dans les appartements comme au dehors; mais cet exercice est plus salutaire, lorsqu'on le prend en plein air. Une pelouse est le tapis qui lui convient le mieux. Il n'est pas nécessaire qu'elle soit bien grande, pour se prêter aux ébats d'une cinquantaine d'élèves; mais il faut l'entretenir avec soin et, pour cela, il suffit de la faire tondre souvent et passer au rouleau tous les matins [1].

Les jeux constituent en réalité la méthode d'exercices la mieux appropriée au jeune âge. Ils sont essentiellement récréatifs, ne nécessitent pour ainsi dire aucun apprentissage; ils n'exigent que des mouvements naturels et n'ont pas l'inconvénient de localiser le travail, de concentrer les efforts sur des régions musculaires trop faibles, ni d'exiger de certains muscles des contractions d'une intensité excessive.

Ils peuvent suffire pour développer toutes les qualités physiques des enfants. En Angleterre, on

---

1. Ph. Daryl, *les Jeux de plein air pour les jeunes filles* (Bulletin de la Ligue nationale de l'éducation physique, juin 1889, n° 8, p. 4).

n'en connaît pas d'autres et les jeunes sujets des deux sexes sont des modèles de force et d'élégance. La Belgique a depuis longtemps banni de ses écoles d'enseignement primaire et moyen, la gymnastique acrobatique que nos enfants subissent encore en France. En revanche, elle a inscrit, dans ses programmes de gymnastique scolaire, plus de soixante jeux différents, dont la plupart ont ou avaient autrefois leurs analogues chez nous.

Depuis une dizaine d'années, l'épreuve est faite chez nos voisins et ils se louent des résultats obtenus. Leurs jeux sont gradués et variés suivant l'âge et le sexe et leurs enfants les aiment autant que les nôtres détestent les exercices aux appareils et les mouvements d'ensemble.

Si les jeux peuvent suffire aux garçons, *à fortiori* peut-on s'en contenter pour les filles, toutes les fois qu'on peut leur permettre de s'y livrer pendant un temps assez long. Malheureusement, c'est là que la difficulté commence. J'ai parlé du peu de temps qu'elles passent dehors et qui ne suffit pas à la somme d'exercice qu'elles réclament. D'un autre côté, dans les grandes villes, les promenades publiques sont le seul endroit où les jeunes filles puissent jouer et souvent ces promenades sont fort éloignées de leur de-

meure. Enfin il arrive un âge où elles ne peuvent
guère s'ébattre dans les lieux publics, sans attirer
l'attention. C'est cependant, comme je l'ai montré,
le moment où elles ont le plus besoin d'exercice.
Dans les familles riches, on y supplée, tant bien
que mal, par une saison de bains de mer, par
quelques mois d'été passés à la campagne; mais
cette hygiène coûteuse n'est pas à la portée de
toutes les familles.

Il y a là, il ne faut pas se le dissimuler, une
difficulté de premier ordre, et c'est le seul côté
par lequel les institutions et les pensionnats l'em-
porteraient sur l'éducation du foyer s'ils voulaient
profiter de leurs avantages. Les mères de famille
ne savent ni où ni comment faire jouer leurs
grandes filles, et c'est cette impuissance qui a fait
la fortune des gymnases dont il nous reste à
parler.

Je ne reviendrai pas sur ce que j'ai dit de ce
mode d'éducation physique dont j'ai fait l'historique dans mon précédent ouvrage [1]; mais je dois
insister sur les précautions toutes particulières
qu'il exige lorsqu'il s'agit d'y soumettre les
jeunes filles. On a voulu suppléer chez elles au
défaut de temps et d'espace, par des exercices

---

1. Jules Rochard, *l'Éducation de nos fils*, Paris, 1889, p. 152.

savants et nécessitant une grande dépense de force musculaire, dans un temps très court. Ce n'est pas ce que demande l'hygiène rationnelle de l'enfant. Il ne suffit pas d'évaluer approximativement la dose d'exercice qui lui est nécessaire, pendant une semaine par exemple, et de lui administrer cette dose d'un seul coup. C'est comme si on voulait lui faire consommer, en un seul repas, la ration alimentaire de plusieurs jours. L'exercice musculaire doit lui être dosé aussi soigneusement que la nourriture et la fatigue extrême n'est pas moins dangereuse pour lui que l'indigestion [1].

Dans les écoles, comme dans l'éducation privée, les séances de gymnastique sont trop éloignées. Le vice des méthodes actuelles est d'exiger des efforts trop intenses, se répétant à de trop rares intervalles. Ce qui convient aux jeunes filles surtout, ce sont des exercices très modérés et très fréquemment renouvelés.

Les leçons de gymnastique ne sont pour elles qu'un pis aller, qu'un moyen très imparfait de remédier à leur immobilité prolongée, pendant les trop longues heures qu'elles passent à la mai-

---

1. Dʳ J. Lagrange, Communication faite le 18 août 1888 à la commission de gymnastique (*Mémoires et Documents scolaires*, publiés par le *Musée pédagogique*, fascicule n° 77).

son. Elles valent encore mieux que rien à la condition d'être bien données. Les exercices acrobatiques doivent être sévèrement proscrits. On ne doit avoir pour but que le développement régulier du corps et l'harmonie des formes. La gymnastique chez elles doit être hygiénique et récréative, et celle qu'on leur enseigne aujourd'hui est bien loin de cet idéal.

De nos jours, dit le docteur Lagrange, on n'est pas loin de considérer le trapèze comme le régénérateur de l'espèce humaine. Il semble que l'art de mouvoir ses membres ne puisse s'acquérir qu'à la suite de longues recherches et de profondes méditations. Nous tombons sous la férule des pédants de la gymnastique. Dans les établissements universitaires et même dans les pensionnats de jeunes filles, on voit se dresser les engins les plus compliqués et s'enseigner les mouvements les plus difficiles, on pourrait dire les plus grotesques.

Ces appareils ne sont cependant pas sans inconvénients. Les professeurs de gymnastique eux-mêmes reconnaissent que l'abus des exercices aux agrès arrête le développement de la taille et peut amener des déformations. Presque tous les exercices aux engins fixes exigent que le corps soit soutenu par les poignets ou suspendu par les mains. Les bras usurpent ainsi le rôle des jambes et, lorsque ces attitudes anormales sont souvent répétées, la forme du corps se modifie en les subissant. Les exercices si fréquents en gymnastique dans lesquels le corps est déplacé en hauteur à l'aide des bras, tendent à donner à l'enfant une conformation qui se rapproche de celle des animaux grimpeurs, dont le singe est le type, avec son dos rond et ses épaules qui se relèvent jusqu'à toucher la nuque [1].

Je sais que tout cela n'arrive que chez les gens qui se livrent aux exercices toute la journée, comme le font les gymnastes de profession et les jeunes gens qu'ils façonnent, pour leur succéder; mais des manœuvres qui peuvent amener ce résultat ne sont assurément pas salutaires. Ce qu'il faut aux jeunes filles, dans les gymnases, ce sont des exercices variés et très peu longtemps continués. Il faut les laisser choisir, s'amuser avec les appareils, s'exciter entre elles, rire et jouer; il faut se bien rappeler qu'elles ne sont pas là pour s'instruire, mais pour se donner du mouvement et se divertir.

Le rôle du professeur n'est pas de leur faire répéter le même temps jusqu'à satiété, mais de

1. J. Lagrange, Communication à la commission de gymnastique, *loc. cit.*, p. 130.

leur apprendre à se servir des engins, d'insister sur les exercices d'adresse, d'équilibre, de précision plutôt que sur ceux qui exigent une grande dépense musculaire et de les surveiller attentivement, pour leur épargner des accidents auxquels pourrait les exposer leur inexpérience. Dans tous les cas, il ne faut pas leur faire prendre de leçons de gymnastique avant huit ou dix ans.

Dans les lycées, les gymnases sont habituellement dans les cours; mais ceux auxquels les jeunes filles se rendent sont presque toujours installés dans des salles closes et couvertes. Ce n'est plus par conséquent l'exercice en plein air qu'elles y prennent, et c'est un inconvénient plus sérieux qu'on ne pense. Cela se comprendrait encore dans le climat rigoureux du nord de l'Europe; mais en France cette précaution est inutile et chose étrange! c'est de l'Angleterre, pays des brumes et de la pluie, que nous viennent les exercices dits de plein air, tandis qu'en France où les Anglais viennent en foule, chaque hiver, chercher le soleil, on se calfeutre soigneusement pour faire de la gymnastique [1].

Encore les salles dans lesquelles on se réunit sont-elles assez vastes pour qu'on n'ait pas à y

1. Fernand Lagrange, introduction du livre de M. de Saint-Clair intitulé *Jeux et Exercices en plein air*, Paris, 1889.

craindre la viciation de l'air; mais que dire de cette chose surprenante qu'on appelle la *gymnastique de chambre*! Cela consiste en appareils très ingénieux, peu encombrants, qu'on place dans la chambre des enfants et à l'aide desquels ils exercent leurs petits muscles, le matin en se levant. Les fenêtres sont bien closes et ils n'ont pas à craindre de s'enrhumer; ils s'exercent dans un air vicié par leur respiration et cet air confiné est encore plus dangereux, quand on fait des efforts que quand on reste en repos, parce qu'on le respire à plus forte dose.

L'homme, en état de travail musculaire très énergique, vicie quatre fois plus d'air que quand il est immobile et en respire sept fois davantage. On comprend, d'après cela, ce que doit être, au bout de quelque temps, l'atmosphère d'une salle dans laquelle un certain nombre de sujets sont réunis pour faire de la gymnastique. Donc, il faut préférer les gymnases en plein air, ou sous des hangars ouverts à tous les vents, à ceux qui sont installés dans des salles closes.

Je n'ai pas parlé jusqu'ici de l'équitation, de la natation et de l'escrime, parce que ces exercices conviennent surtout aux garçons; mais je n'ai pas la pensée de les proscrire.

L'équitation est un art très favorable au développement des jeunes filles, parce qu'il met en jeu des muscles que la marche laisse au repos, qu'il exige de l'adresse, une dépense musculaire modérée et surtout parce qu'on s'y livre en pleine campagne. Seulement, ce genre de sport ne peut être l'attribut que des jeunes filles très riches. Ce sont les seules du reste qui trouveront l'occasion d'utiliser ce talent, dans le cours de leur existence; on ne peut par conséquent pas le faire entrer dans un plan général d'éducation.

La natation est dans le même cas, mais pour des motifs différents. On ne peut guère s'y livrer, que lorsqu'on habite sur le bord de la mer, ou dans les villes que traverse un fleuve et qui ont des écoles de natation. C'est véritablement regrettable. Le bain froid est éminemment hygiénique et la natation est un exercice de premier ordre. Il développe mieux que tout autre la poitrine, par les inspirations soutenues et profondes qu'il exige, et les efforts qu'il nécessite ne provoquent pas la sueur, en raison du milieu dans lequel ils se produisent.

Il faut cependant tenir compte de la vigueur de ces efforts. La natation, quand elle est soutenue quelque temps, entraîne autant de fatigue et presque autant d'essoufflement que la course. Après avoir franchi une grande distance, le nageur a de la peine à se tenir debout sur la plage et a besoin d'un long repos pour se remettre. Cet exercice demande donc la même surveillance que ceux dont nous avons déjà parlé, pour les jeunes filles qui sont à l'âge du développement et qui ont besoin de tant de ménagements. J'en ai vu un certain nombre qui, après s'être livrées avec passion à cet exercice, ont été prises des mêmes accidents que les conscrits qu'on entraîne au pas gymnastique. Elles avaient des palpitations simulant l'hypertrophie du cœur et qui auraient pu y conduire, si l'on n'avait pas fait cesser immédiatement les bains de mer et prescrit, pendant quelque temps, un repos presque absolu.

Quant à l'escrime, il ne faut pas y songer. Les hommes qui sont appelés à porter une épée, doivent apprendre à s'en servir ; mais tel n'est pas le rôle des femmes et il est inutile de les initier à un art dont l'exercice leur sera toujours interdit. On pourrait en dire autant du tir au pistolet et à la carabine ; cependant ce sont là des jeux d'adresse qui n'ont aucun inconvénient ; mais ils ne peuvent, à aucun titre, passer pour des exercices hygiéniques.

IV. — **Hygiène domestique.**

Le genre de vie qui convient aux jeunes filles est le même en principe; mais il varie, dans l'application, suivant le milieu auquel elles appartiennent et ne peut être soumis à des règles fixes que pour les maisons d'éducation.

La jeune fille élevée dans sa famille en suit les habitudes et ne s'en trouve pas plus mal. Sa mère l'habille, la nourrit et la loge suivant sa condition et sa fortune. Elle grandit et se façonne dans le milieu qui est le sien et n'éprouve de froissements que lorsque des revers de fortune, ou des malheurs de famille, la forcent à en changer.

Il n'y a donc pas de règles particulières à tracer, au point de vue de l'hygiène, pour l'éducation du foyer. Dans la maison, on donne à la jeune fille une chambre à part, lorsque l'appartement le permet; dans d'autres circonstances, elle la partage avec une sœur, ou bien elle couche dans celle de sa mère; tout ce qu'on peut demander, c'est que cette chambre ait des dimensions suffisantes, qu'elle soit largement aérée, qu'on en ouvre les fenêtres toutes les fois qu'on ne l'occupe pas; qu'elle ne soit pas trop chauffée et surtout qu'on n'y introduise jamais ces poêles mobiles dont l'usage s'est répandu partout, depuis quelques années, et qui sont si dangereux dans les chambres à coucher. Il faut enfin qu'on proscrive d'une manière absolue l'usage de la chaufferette et qu'on n'abuse pas des rideaux et des tapis, qui sont des réceptacles de poussière et de miasmes.

Je ne demande pas pour cela qu'on transforme leur chambre en cellule de cénobite, tant s'en faut. Il faut qu'elles s'y plaisent et pour cela, il faut leur permettre de les installer et de les décorer à leur goût, de les orner d'étoffes claires et sans prétention, d'y installer ces mille petits objets qui plaisent aux femmes, qui donnent à leur logis ce caractère tout particulier d'intimité et de bien-être, ce quelque chose de personnel, qu'on ne trouve pas dans l'appartement banal où la femme fait défaut.

La nourriture des jeunes filles est et doit être celle de leurs parents et de leur monde; elles n'ont pas besoin d'un régime à part. On doit éviter qu'elles fassent abus des sucreries et des friandises. Il faut leur donner de préférence des aliments simples et substantiels. La régularité dans leurs repas est une condition de premier ordre. Elle est indispensable à la santé comme à l'étude. Il faut, autant que possible, que les jeunes filles mangent toujours aux mêmes heures, mais surtout il est indispensable qu'elles ne prennent rien dans l'intervalle, parce que c'est surcharger leur estomac pendant que la digestion n'est pas finie.

Rien n'est plus malsain, que ces petits goûters, ces *lunch*, ces *five o'clock* que la gourmandise a mis à la mode depuis quelques années. Il est des femmes du monde qui touchent à peine aux aliments qu'on leur sert aux repas de la famille et qui vont, dans l'intervalle, se bourrer de friandises, chez le pâtissier à la mode ou chez quelqu'une de leurs amies. Qu'elles se livrent à cette mauvaise habitude, c'est leur affaire; mais il ne faut pas qu'elles la fassent prendre à leurs filles.

Les jeunes sujets des deux sexes, quand ils se portent bien, qu'ils vivent d'une existence normale et font suffisamment d'exercice, ont un appétit robuste et régulier. Une nourriture saine et simplement préparée, des repas courts et peu recherchés, leur conviennent beaucoup mieux que les longs festins et que le luxe de la table. Quant à la composition du régime, j'en parlerai lorsqu'il sera question des pensionnats et de l'éducation en commun. Pour le moment, je m'occupe surtout de la vie en famille, et elle soulève une question délicate.

En France, on a l'habitude de mettre les enfants à la table commune, aussitôt qu'ils sont sevrés. On les assoit dans une chaise haute, dont les bras les empêchent de tomber, et on les fait manger en même temps que leurs parents. En Angleterre, ils prennent leurs repas dans la *nursery*, sous l'œil de la gouvernante. Le premier mode est plus familial; il habitue les enfants à la société du père et de la mère; ce sont eux qui s'en occupent, qui leur apprennent à se tenir convenablement à table, à manger d'une manière correcte et à parler poliment. Ce sont là d'excellentes choses, mais elles ont leur contre-partie.

La table commune a de graves inconvénients au point de vue de l'hygiène. Elle excite la gourmandise des petits convives; la nourriture est trop recherchée, trop compliquée dans les familles riches, pour leur convenir, et il est difficile de leur refuser ce que les parents s'accordent à eux-mêmes. Les repas sont trop longs, les enfants mangent trop et mangent mal, et puis, ils entendent des conversations qui ne leur valent rien.

Lorsque les parents sont seuls avec eux, ils peuvent s'observer, de façon à ne rien laisser échapper qui puisse blesser leurs oreilles; mais, lorsqu'il y a des invités, on ne peut pas les soumettre au même régime. Les plaisanteries, les paradoxes

que les enfants prennent au sérieux, le laisser
aller qui règne souvent à la fin du repas, sont pour
eux du plus mauvais exemple. Dans bien des
familles, on gagnerait à faire manger les enfants
à part, sous la direction d'une bonne intelligente
et sûre qui, n'ayant pas pour eux la faiblesse et
l'instinctive admiration des parents, les gâterait
moins, ne leur laisserait manger que le nécessaire et leur apprendrait à se bien tenir.

L'habillement est une grave question, quand il
s'agit des jeunes filles. Il faut, bien entendu, qu'il
soit conforme aux habitudes de leur pays et de
leur milieu. Elles sont même forcées, pour ne pas
être ridicules, de suivre la mode; mais elles ne
doivent pas en être esclaves, et c'est à leurs mères
à leur interdire les excentricités de tout genre.
C'est chose douloureuse que de voir la façon dont
sont costumées certaines jeunes filles. Gênées
dans leurs vêtements, étranglées dans leur corset,
coiffées de chapeaux fantastiques, elles n'ont
plus la grâce ni la souplesse des mouvements
particulières à leur âge et qui sont un de leurs plus
grands charmes. Il en est qui poussent le mauvais
goût jusqu'à teindre en rouge leurs jolis cheveux
blonds ou châtains, pour imiter les femmes à la
mode et celles dont on parle trop. Ce sont là des
exceptions sans doute et les mères prudentes ne

souffrent pas que leurs filles donnent dans de pareilles excentricités; mais elles ne sauraient trop se préoccuper du corset et des chaussures.

Je n'irai pas jusqu'à leur conseiller d'imiter la duchesse de B..., dont parle M. Ph. Daryl et qui a élevé ses quatre filles à marcher nu-pieds dans le parc, pendant deux heures par jour et par tous les temps, de sept ans à treize, et qui leur a interdit l'usage du corset jusqu'à leur mariage.

L'éducation étant l'apprentissage de la vie, je ne vois pas d'avantages à interdire aux jeunes filles un usage qu'elles adopteront forcément plus tard. On a du reste beaucoup exagéré les inconvénients du corset, dans les libelles qu'on a publiés contre lui. Ces réquisitoires étaient justifiés autrefois, par les incroyables rigueurs des corps de baleine qui ont régné du XVIe au XVIIIe siècle et qui emprisonnaient étroitement le torse tout entier; mais les corsets souples et élastiques qu'on porte aujourd'hui, ne sont réellement dangereux que lorsqu'on les serre trop.

Il n'est pas antihygiénique de soutenir le thorax à sa base et d'empêcher la colonne vertébrale de trop se courber en avant; ce qui est déplorable, c'est la tendance inexplicable qu'ont les femmes à faire, de ce support, un instrument de constriction et de torture, afin d'avoir la taille mince et de ressembler à des guêpes, au lieu de se rapprocher de la forme splendide dont l'art grec nous a laissé de si magnifiques spécimens.

En somme, puisque les femmes sont destinées, en dépit de tout ce qu'on pourrait écrire, à porter un jour des corsets, il est bon qu'elles s'y habituent de bonne heure. Seulement, les mères doivent veiller à ce qu'ils soient souples, qu'ils ne gênent pas et ne soient jamais trop serrés.

Il est inutile d'en faire porter aux petites filles avant l'âge de douze ou treize ans. Jusque-là, il suffit de leur mettre des brassières de coutil. Lorsque la puberté approche, que la taille se transforme, on ajoute, à ces brassières, quelques baleines bien souples, et enfin, lorsque la jeune fille est tout à fait formée, on lui met un corset dont le busc doit être aussi peu rigide que possible, afin de ne pas comprimer le ventre. On peut même se passer de busc, chez toutes les jeunes filles qui n'ont pas de tendance à se voûter.

Les chaussures sont la partie la plus défectueuse du vêtement. Il n'est pas possible d'obtenir des cordonniers qu'ils leur donnent la forme du pied. Elles sont toujours trop étroites au niveau des orteils qu'elles compriment, où elles font venir des cors et des durillons, à tous les points de contact. C'est un des mille petits supplices de la vie civilisée et, si nous ne pouvons pas y échapper, il faut tâcher du moins d'y soustraire nos jeunes filles, qui ne sont pas encore forcées de supporter la tyrannie de la mode.

Il faut que leurs chaussures soient commodes, larges à l'endroit des orteils, justes au cou-de-pied, qu'elles aient des semelles solides, imperméables, des talons larges et bas. Les chaussures de pacotille ne remplissent jamais ces conditions; il faut qu'on les fasse sur mesure et que le cordonnier la prenne, le pied étant appuyé sur le sol, supportant le poids du corps, et non dans la position assise. Il faut rejeter, d'une manière absolue, toute chaussure trop courte ou trop étroite. Les femmes ont heureusement renoncé à ces talons tellement hauts qu'elles semblaient montées sur des échasses, et dont les dangers sans nombre ont été tant de fois signalés par les médecins. Il est inutile d'y revenir aujourd'hui, puisque la mode leur en a fait le sacrifice.

Les exigences de l'hygiène, à l'endroit des vêtements, sont certainement bien modestes et pourtant elle a bien de la peine à les faire accepter. Les mères prudentes ont contre elles, leurs filles d'abord qui veulent faire comme leurs amies, les couturières et les cordonniers qui sont complices de cette faiblesse; elles ont à lutter contre leurs

propres tendances et le désir bien légitime de voir
leurs filles aussi bien mises que les autres. C'est
un des chapitres nombreux sur lesquels il faut
savoir faire des concessions à l'opinion, dans l'éducation des filles; mais il faut en faire le moins
possible, se montrer intransigeant sur tout ce qui
touche à la décence, sur tout ce qui peut, même
de loin, faire ressembler une jeune fille à une
femme de mauvaise vie. Il suffit d'aller dans un
bal, sur une promenade publique, pour comprendre
que cette recommandation n'est pas inutile, quelque étrange qu'elle paraisse au premier abord.

Fénelon l'a faite, du reste, il y a près de deux
siècles, et dans des termes autrement crus que je
ne le fais ici. Il a traité la question de la mode et
de la passion que les femmes ont pour la parure,
avec l'austérité d'un prélat et l'autorité d'un maître,
dans le chapitre consacré à la *vanité de la beauté
et des ajustements*[1]. « Ne craignez rien tant, dit-il,
que la vanité des filles : elles naissent avec un
désir violent de plaire. Les chemins qui conduisent les hommes à l'autorité et à la gloire leur
étant fermés, elles tâchent de se dédommager par
les agréments de l'esprit et du corps. De là vient
leur conversation douce et insinuante, de là vient

---

1. *De l'éducation des filles*, par M. de Fénelon, archevêque de
Cambrai, Paris, 1809, p. 141.

qu'elles aspirent tant à la beauté et à toutes les grâces extérieures et qu'elles sont si passionnées pour les ajustements. Une coiffe, un bout de ruban, une boucle de cheveux plus haut ou plus bas, le choix d'une couleur, ce sont pour elles autant d'affaires importantes. Les véritables grâces ne dépendent point d'une parure vaine et affectée. Il est vrai qu'on peut chercher la propreté, la proportion et la bienséance, dans les habits nécessaires pour couvrir nos corps; mais, après tout, ces étoffes qui nous couvrent et qu'on peut rendre commodes et agréables, ne peuvent jamais être des ornements qui donnent une vraie beauté. »

Tout cela est fort bien pensé et excellemment dit; on ne peut qu'applaudir à de si sages conseils. On fait même bien de les reproduire à l'occasion; seulement il faut s'attendre à prêcher dans le désert. Le goût de la parure et des ajustements est inné chez la femme; il existe chez les petites filles, avant qu'elles sachent parler, et ce sera toujours ainsi. Il ne faut même pas trop nous en plaindre, car il entre pour beaucoup dans l'attrait qu'elles nous inspirent. C'est un élément de leur grâce et de leurs charmes; elles nous plairaient moins, si elles étaient ridiculement attifées. Ce goût en lui-même n'a rien de dangereux, à la condition d'être maintenu dans de justes bornes, et toutes les mères intelligentes savent garder cette juste mesure.

En ce qui a trait à l'hygiène, il faut que les vêtements des jeunes filles soient assez larges pour ne pas les gêner, pour ne comprimer ni la poitrine, ni le ventre, et qu'ils soient assez commodes pour ne pas les empêcher de jouer. Il faut de plus qu'ils ne soient pas trop chauds. Les mères ont en général l'habitude de trop couvrir les enfants. Il en résulte que, pour peu qu'ils s'agitent, qu'ils jouent et courent, ils se mettent en sueur et contractent un refroidissement au moment où ils s'arrêtent. Il est inutile de couvrir de laine les jeunes filles bien portantes et de leur faire porter des gilets de flanelle, lorsque l'état de leur poitrine ne l'exige pas. Il ne faut leur faire prendre cette habitude que sur le conseil du médecin.

La propreté corporelle a pris, en hygiène, une importance sans égale, depuis les révélations de la bactériologie. On sait aujourd'hui que les micro-organismes producteurs des maladies infectieuses, ont pour terrain de prédilection, la crasse et les impuretés de toute sorte; qu'on en trouve des millions, sous les ongles, entre les orteils, dans tous les replis de la peau, et qu'il ne suffit pas, pour les enlever, d'un lavage superficiel comme celui dont on se contentait autrefois. Il faut nettoyer à fond ces points suspects de l'économie, et on arrivera prochainement à prendre l'habitude de se laver tout le corps à l'eau chaude et au savon, comme on se lave aujourd'hui les mains. Ce sera l'affaire des bains par aspersion dont je parlerai à propos de l'hygiène des pensionnats. Nous n'en sommes pas encore là; mais une mère soucieuse de la santé de sa fille doit surveiller son cabinet de toilette.

Il faut qu'on y trouve une cuvette et un pot à eau de grande dimension, pour qu'elle puisse s'y plonger le visage et s'y laver à fond. Les brosses, les peignes, doivent être tenus avec le plus grand soin. Il est bon que ce petit arsenal de la toilette soit étalé sur une petite table recouverte d'une serviette bien blanche, afin qu'on puisse s'assurer, d'un coup d'œil, qu'il n'y manque rien et que tout y est en bon état. En revanche, il faut en chasser les pâtes, les onguents, les parfums, les eaux de senteur, les cosmétiques et tout l'attirail de la coquetterie aux abois. Les jeunes filles, qui n'ont rien à cacher ni à réparer, n'ont besoin que d'eau et de savon pour entretenir leur fraîcheur virginale; mais il faut qu'elles en usent largement.

L'eau pour la toilette doit être à la température de l'appartement. Je sais qu'elle ne nettoie pas aussi bien que l'eau chaude; mais elle suffit pour les

lavages quotidiens et les grands bains tièdes sont
là pour faire le reste. L'eau chaude, indépendamment de la difficulté de s'en procurer tous les
matins, dans les familles peu aisées, a l'inconvénient de rendre la peau plus impressionnable au
froid. C'est une excellente habitude que de se laver
à l'eau froide chaque matin, le visage, le col, la
naissance des épaules, les mains et les avant-bras.
C'est de l'hydrothérapie au minimum.

L'usage du *tub* qui nous vient d'Angleterre et
qui s'est déjà répandu parmi les jeunes gens,
commence à trouver sa place dans le cabinet de
toilette des jeunes filles. Il finira par s'y installer
définitivement. C'est le moyen le plus puissant
dont nous disposions, pour triompher de cette
tendance au lymphatisme, de cette nervosité qui
s'observe si souvent chez elles, pour vaincre le
sybaritisme de chaleur et le froid aux pieds, ces
deux produits de la vie sédentaire et inactive.

L'exercice au grand air et l'eau froide sont les
deux grands moyens de fortifier les jeunes filles,
de combattre leurs dispositions névropathiques,
et d'en faire des femmes robustes. Il est évident que
l'hydrothérapie ne peut pas être employée d'une
manière banale; qu'il est des constitutions qui ne la
supportent pas, des maladies qui l'interdisent, des
périodes pendant lesquelles il faut la suspendre;

mais tout cela c'est l'affaire du médecin de la famille sur l'avis duquel on doit se régler.

L'hydrothérapie épouvante encore les mères de famille et surtout les jeunes filles, qui frissonnent rien qu'à la pensée de recevoir une douche d'eau froide sur le corps. C'est une habitude à contracter et on préviendrait la plupart des accidents de la puberté, si l'on n'attendait pas qu'ils soient survenus, pour recourir à l'eau froide. Comme il ne faut jamais brusquer les choses et qu'en hygiène on ne peut arriver à son but que par la persuasion, il faut se borner à réclamer, pour le moment, l'installation d'un cabinet d'hydrothérapie dans les pensionnats, en même temps que celui d'une salle de bains.

Il est deux points, dans la toilette des jeunes filles, qui réclament des soins particuliers : la chevelure et les dents.

Une belle chevelure est un des plus grands charmes de la femme ; on doit donc s'en occuper pendant le temps de l'éducation. « Les cheveux, dit Fonssagrives, sont des plantes qui exigent une culture assidue et intelligente. Il faut songer, dès l'enfance, à en préparer la beauté à venir. Les petites filles doivent porter, jusqu'à quatre ou cinq ans, les cheveux courts à la manière des garçons. La coquetterie maternelle, qui est impatiente de jouir, ne manque pas de laisser pousser les cheveux des petites filles; mais ces boucles, si agréables à l'œil, sont des fruits venus hors de saison et qui ne promettent rien de beau pour l'avenir. Cheveux longs dans la première enfance, cheveux rares à l'adolescence, sont deux faits corrélatifs. Je ne conseille certainement pas de maintenir les cheveux ras. Si l'usage fréquent des ciseaux épaissit en effet les cheveux en nombre, il les épaissit aussi en diamètre et, s'ils deviennent plus fournis, ils deviennent plus rudes, ce qui est un autre inconvénient. Il y a, entre la chevelure flottante des petites filles et la tête rase des petits garçons, un moyen terme qu'il faut garder. Cette habitude des cheveux longs est encore plus fâcheuse quand, pour suppléer leur défaut de frisure naturelle, on leur fait subir l'atteinte des papillotes qui les cassent et du fer chaud qui les racornit et les rend friables [1]. »

S'il est un point de l'hygiène de l'enfance qui soit bien établi, c'est l'utilité de coucher tête nue, suivant le conseil de Locke, et c'est encore une raison pour tenir les cheveux courts, parce que, s'ils sont longs, ils se feutrent et nécessitent ensuite des peines infinies pour les débrouiller.

[1]. J.-B. Fonssagrives, *l'Éducation physique des jeunes filles,* loc. cit., p. 175.

Il est inutile de dire qu'il faut proscrire de la toilette des jeunes filles la poudre, les pommades, les teintures et toutes les drogues de la parfumerie, qui a l'effronterie de s'intituler hygiénique. Le peigne et la brosse suffisent à l'entretien de la chevelure d'une jeune fille ; mais il faut que l'emploi en soit quotidien et bien dirigé. C'est à la mère à se charger de ce soin et à ne le déléguer, que le plus rarement possible, à sa femme de chambre. La main qui étreint les cheveux doit suivre de près celle qui est armée du peigne, de manière à éviter toute traction. Il faut, de temps en temps, diviser la chevelure en huit ou dix bandes, pour pouvoir appliquer la brosse à chacune d'elles et aux portions du cuir chevelu sur lesquelles elles sont implantées.

Le mode de coiffure des jeunes filles influe beaucoup sur la conservation de leurs cheveux. Tant que leur âge le permet, les tresses suisses sont certainement ce qui convient le mieux ; plus tard, il faut bien se conformer à la mode, mais il ne faut pas en être esclave. Il importe surtout de changer souvent l'emplacement de la raie, pour qu'elle ne s'élargisse pas, et de ne pas trop serrer les cheveux à la base du chignon, de crainte de tirailler la racine.

Il est enfin un dernier conseil que j'emprunte

encore à Fonssagrives et qui ne concerne que les jeunes filles qui prennent des bains de mer, c'est de laver très soigneusement leurs cheveux à l'eau douce, quand elles n'ont pas pu les préserver de la salure. Quand les cheveux sont imprégnés d'eau de mer, ils sèchent très difficilement, ils gardent une odeur de marée et cela les dispose à rougir et à tomber. Une fois lavés, on les essuie avec un linge chaud; puis on les laisse flotter sur les épaules, jusqu'à ce qu'ils soient secs. C'est du reste une excellente pratique, car les cheveux ont besoin d'air comme les plantes.

Le soin de la denture a la même importance. Lorsque les dents sont blanches et bien rangées, elles donnent un tel attrait à la physionomie, qu'on ne saurait y porter trop d'attention, à l'âge de la vie où elles sont en train d'évoluer. On apprend aux femmes beaucoup de choses qui ne leur servent à rien; on devrait bien leur enseigner l'art de diriger la marche de la dentition de leurs filles et, comme ce genre de connaissances n'est pas près d'entrer dans leurs programmes, il faut, en attendant, qu'elles laissent ce soin au dentiste. Mais il faut qu'elles surveillent avec soin la bouche de leurs enfants, pour le consulter à temps.

C'est surtout entre six et douze ans qu'il est

bon d'y faire attention. Tantôt, c'est une dent de lait qui s'obstine à ne pas tomber, plus souvent ce sont les dents de remplacement qui ne trouvent pas une place suffisante pour se mettre dans l'alignement et qu'il faut y faire rentrer; ce sont des surdents qu'il faut extraire et parfois aussi des caries prématurées qu'il faut soigner. Cette maladie est plus commune chez la femme que chez l'homme et l'hygiène de la bouche en est le préservatif. L'habitude de la laver et de brosser les dents après chaque repas, est une excellente pratique qu'on ne saurait trop encourager. L'usage de la brosse à dents doit commencer avec la seconde dentition, c'est-à-dire vers sept ou huit ans. Chez beaucoup de jeunes filles, l'omission de son emploi a pour conséquences le développement d'une végétation cryptogamique verdâtre, très adhérente, qui part du collet de la dent et qu'il faut ensuite enlever avec la rugine, au grand détriment de l'émail.

Pour l'entretien de la denture, une brosse et de l'eau suffisent; on peut pourtant y joindre quelques gouttes d'un élixir dentifrice à base d'alcool, comme ceux qu'on trouve dans tous les cabinets de toilette.

V. — **Hygiène des pensionnats.**

La variété infinie des situations sociales ne permet pas de mettre plus de précision dans les conseils à donner aux mères qui élèvent leurs filles près d'elles ; mais il n'en est pas de même pour les pensionnats, où l'uniformité et la règle constituent la base de l'éducation. Il faut, pour ceux-là, des préceptes formels. Je n'ai pas l'intention d'écrire un code de santé à leur usage ; mais il est d'autant plus nécessaire d'entrer dans quelques détails à ce sujet, qu'il n'a pas été traité.

On s'est livré, pour les écoles de garçons et pour les lycées, à des études très sérieuses, sur tout ce qui touche au logement, à la nourriture, au vêtement, aux exercices. Des commissions composées d'hygiénistes, de pédagogues et d'administrateurs, s'en sont occupées ; des règlements ont été formulés au Ministère de l'instruction publique ; mais on n'a pas pris, que je sache, de dispositions semblables pour les écoles et les pensionnats de jeunes filles. Il est entendu, en principe, que les mêmes règles leur sont applicables ; encore faut-il prendre la peine de les formuler et d'indiquer les changements qu'il est indispensable d'y apporter.

I. *Habitation*. — Les pensionnats, de quelque ordre qu'ils soient, sont soumis, en ce qui concerne le logement, aux mêmes règles d'hygiène que les lycées. Il est à désirer qu'ils soient situés en dehors des villes, ou tout au moins, dans les faubourgs, parce que ce sont les seuls endroits où l'on puisse se procurer, dans des conditions de prix raisonnables, les grands espaces nécessaires aux dépendances et parce qu'on y trouve le calme, le silence et l'air pur indispensables à une population de jeunes filles.

Il faut éviter la proximité des étangs, des marécages, des prairies inondées, des établissements publics, des usines et des quartiers populeux. Les bâtiments doivent être suffisamment espacés et assez peu élevés, pour que l'air y circule librement et que le soleil puisse arriver jusqu'au bas des murs. En ce qui touche aux détails de construction, je renverrai, comme je l'ai fait pour l'éducation des garçons, au rapport de M. Javal sur l'hygiène scolaire[1].

Les classes et les études doivent, comme celles des lycées, être vastes, claires et bien aérées. Elles doivent avoir au moins 8 mètres cubes d'air par élève. La lumière doit pénétrer dans toutes

1. *Hygiène des écoles primaires et maternelles.* Rapport d'ensemble par le docteur Javal, Imprimerie nationale, Paris, 1884.

les parties de la salle et, pour que l'éclairage soit suffisant, il faut que, dans l'endroit le plus sombre, on puisse lire, à 50 centimètres de distance, un texte composé en caractères dits *diamant*. L'insuffisance de l'éclairage, et la petite dimension des objets sur lesquels les élèves tiennent leurs regards fixés, sont les deux causes de la myopie scolaire.

Pour l'éclairage artificiel, il faut que les foyers lumineux, lampes à l'huile ou au pétrole, becs de gaz ou appareils électriques, soient placés en avant et au-dessus des tables de travail, qu'ils aient des abat-jour et qu'ils soient protégés par des verres dépolis, si la lumière est vacillante. Lorsqu'on se sert de becs de gaz qui dégagent une chaleur intense, il faut qu'ils soient assez élevés au-dessus de la tête des élèves, pour ne pas l'échauffer ; il faut de plus que les becs soient ventilés.

L'aération des classes et des études est d'une importance extrême et qui ressort de ce que j'ai dit des dangers que fait courir la viciation de l'air. Son renouvellement rapide et complet ne peut s'obtenir qu'à l'aide d'ouvertures se faisant opposition, c'est-à-dire placées les unes en face des autres. Le meilleur modèle de fenêtres est celui qui a été adopté pour les écoles primaires.

Elles sont divisées en deux parties dont l'inférieure s'ouvre à deux battants et dont la supérieure formée de panneaux mobiles s'ouvre en dedans. Les fenêtres doivent être largement ouvertes, lorsque les locaux ne sont pas occupés.

Il est de vieux établissements dans lesquels ces dispositions ne peuvent pas être adoptées, où les fenêtres d'ancien modèle se prêtent mal à la ventilation. Il faut y suppléer, au moyen de vitres perforées, ou de jours munis de toiles métalliques. Si l'espace est insuffisant, si l'étude ou la classe est encombrée, il faut renouveler l'air au moyen de tuyaux d'aérage, recueillant l'air vicié près du plancher et le rejettant dehors à la hauteur du plafond. Si le courant ne s'établit pas spontanément, on le détermine et on l'active en plaçant, dans le conduit, un bec de gaz qui brûle tant que la pièce est occupée.

Il faut que les classes et les études soient chauffées en hiver. J'en ai exposé les raisons en parlant des lycées, et les filles ont encore plus besoin de précautions et de bien-être que les garçons. Lorsque les pièces sont petites, on peut se servir de cheminées; dans le cas contraire, il faut y placer des poêles, en ayant soin de les choisir d'un bon modèle et d'en surveiller l'emploi. Les poêles en fonte et surtout les poêles mobiles

doivent être rigoureusement proscrits, à cause de
l'oxyde de carbone qu'ils dégagent et qui peut
causer des accidents. Les calorifères à air chaud
ne conviennent pas davantage et les calorifères à
eau chaude ou à vapeur, qui donnent de bons
résultats, sont bien dispendieux et d'une application bien difficile dans les vieux édifices.

Quant au mobilier scolaire, il doit être conforme
aux modèles adoptés dans les établissements
d'instruction dirigés par l'État. Nous renverrons
par conséquent, pour ces détails, au *Règlement du
17 juin 1880* : chap. IV, *Mobilier*; art. 98, *Types
adoptés*.

Les dortoirs, dans les pensionnats de jeunes
filles, comportent un peu plus de recherche que
ceux des garçons, mais les dimensions, par rapport au nombre des élèves, doivent être les
mêmes. Nous avons fixé, pour ces derniers, le
cubage minimum à vingt mètres par tête, et il
n'y a pas lieu de l'abaisser dans les pensionnats
de jeunes filles.

L'espace réservé entre les lits doit être le même.
Le couchage doit se composer d'un lit en fer, d'un
sommier élastique, d'un matelas et d'un traversin.
Il est bon de garnir les lits de rideaux blancs, pour
que les élèves puissent se soustraire aux regards
de leurs compagnes, et pour diminuer un peu les

inconvénients de cette promiscuité qui devient pénible pour les jeunes filles, surtout lorsqu'elles avancent en âge.

Quand la disposition des locaux le permet, il est avantageux d'isoler chaque lit à l'aide d'une cloison de deux mètres de haut, formant ainsi une sorte de chambre incomplète, qui permet l'isolement sans empêcher la surveillance, et dans laquelle on dispose les objets de toilette, sur une planchette bien en vue, afin que la maîtresse puisse d'un coup d'œil s'assurer de leur état de propreté.

Lorsque les dortoirs sont trop petits pour que chaque élève puisse se livrer, près de son lit, à ses soins de propreté matinale, il faut ménager, dans le voisinage, une pièce pour les lavabos. Chaque élève doit y avoir sa cuvette, avec son robinet placé au-dessus, son tiroir pour ses objets de toilette et une tringle pour suspendre les serviettes. Dans aucun cas, les mêmes ustensiles ne doivent servir à deux élèves. La propreté minutieuse à laquelle il faut les habituer, interdit absolument ce commerce. Il est également indispensable de s'assurer que les élèves se nettoient à fond et de leur laisser pour cela le temps nécessaire. Il est inutile d'insister davantage sur ce sujet dont toutes les mères comprennent l'importance.

Les dortoirs doivent être aérés, par l'ouverture des fenêtres pendant la journée, et lorsqu'ils sont trop petits ou mal disposés, on doit prendre, pour leur ventilation, les mesures que nous avons indiquées à l'occasion des classes et des études. Il est inutile d'ajouter qu'ils doivent être munis de water-closets, pour que les élèves n'aient pas à courir la nuit à demi vêtues, à travers de longs couloirs : ces voyages nocturnes sont surtout à redouter en hiver.

Tout établissement d'instruction doit avoir son infirmerie, et c'est un des points sur lesquels l'hygiène doit le plus insister. Elle doit être spacieuse, bien aérée et convenablement chauffée. Le cubage doit être égal à celui qu'on réclame pour les hôpitaux, c'est-à-dire de trente mètres par lit. A côté de la salle commune, destinée aux indispositions et aux maladies qui ne se transmettent pas, il faut installer deux cabinets complètement isolés, qu'on puisse fréquenter sans passer par la salle commune et dans lesquels on placera les élèves atteintes de maladies contagieuses. Il faut de plus une petite pièce pour la sœur ou l'infirmière, une salle de bains, une petite pharmacie munie des médicaments de première urgence et de tous les ustensiles nécessaires au traitement des malades.

Dans certains pensionnats, on dispose, au voisinage de l'infirmerie, une chambre convenable pour loger au besoin la mère d'une élève sérieusement malade et ne pouvant pas supporter le transport. L'infirmerie doit être tenue avec la plus rigoureuse propreté. C'est au médecin de l'établissement à veiller sur cette condition de premier ordre.

Les réfectoires doivent être clairs, bien aérés, éloignés des cuisines. Les tables en fonte émaillée, en ardoise ou en grès, sont préférables aux tables en bois. Les cabinets d'aisance doivent être conformes aux modèles adoptés aujourd'hui dans tous les établissements bien compris, c'est-à-dire munis de cuvettes, avec soupape ou siphon hydraulique, effet d'eau automatique ou à tirage. Il faut qu'ils soient extrêmement soignés dans leur installation et tenus avec une propreté qu'on ne peut obtenir qu'à l'aide d'une surveillance continuelle. Ces réduits sont la partie de l'établissement sur laquelle la surveillance du médecin doit s'exercer avec le plus de sévérité.

Les cours et les jardins sont le côté qui laisse le plus à désirer dans la plupart des établissements d'enseignement, et cela s'explique par la difficulté de se procurer, dans l'enceinte des villes, des emplacements assez vastes pour donner aux dépendances les dimensions nécessaires. Il ne faut pas se montrer trop rigoureux sur des conditions si difficiles à remplir; mais il est pourtant nécessaire qu'un pensionnat ait une cour ou un jardin assez grand pour y faire jouer les élèves. Si l'espace le permet, il y a intérêt à y planter des arbres, en ménageant au centre une surface assez étendue pour les jeux de plein air; enfin le gymnase doit trouver sa place quelque part. Les pensionnats situés hors des villes ou dans les faubourgs ont pour cela de grands avantages, lorsqu'on livre aux élèves tout le terrain dont on peut disposer.

II. *Alimentation*. — La nourriture des jeunes filles, dans les pensionnats, doit être comme celle des garçons fortement réparatrice sous un petit volume et d'une digestion facile. La viande, pour ce motif, en constitue la base et la préparation doit en être très simple. Les raffinements culinaires ne sont pas de mise dans les pensionnats; les sauces épicées et de haut goût ne sont pas nécessaires pour stimuler un appétit qui est assez vif par lui-même, pour qu'on n'ait pas besoin de l'exciter. L'inappétence est inconnue dans les pensionnats, parce qu'on y mange aux mêmes heures et qu'on ne prend rien dans l'intervalle. Les jeunes filles qui, dans leurs familles, se bourrent toute la journée de friandises et de sucreries et qui n'ont jamais faim, retrouvent l'appétit de leur âge, aussitôt qu'on les met en pension.

Il est donc inutile de donner aux élèves une nourriture recherchée; les menus d'un pensionnat ne doivent pas ressembler à ceux d'un restaurant; mais si les aliments sont simples, il faut qu'ils soient d'excellente qualité et préparés avec soin. Cette dernière condition est la plus difficile à obtenir, dans tous les établissements où on nourrit un grand nombre de personnes. La cuisine collective est presque toujours mauvaise; mais il y a des degrés dans le défaut de soin; une directrice capable et femme de ménage peut, à l'aide d'une surveillance quotidienne, obtenir que les aliments ne soient pas trop mal préparés.

La quantité de viande qu'il convient de donner aux élèves n'a pas été déterminée pour les pensionnats de jeunes filles; mais on peut la fixer, d'après les calculs faits pour les garçons du même âge.

La sous-commission du régime des lycées a proposé de délivrer, par jour, aux élèves qui ont passé seize ans, 200 grammes de viande cuite, désossée et parée. C'est la quantité prescrite par l'arrêté du Ministre de l'instruction publique, en date du 17 décembre 1888, pour les maîtres et les maîtresses dans les écoles normales. La commission du régime dans les lycées a proposé d'en donner 160 grammes aux élèves de onze à seize ans, et 120 grammes aux plus petits, à ceux qui ont de sept à onze ans.

La ration alimentaire ne doit pas être aussi forte pour les filles, parce qu'elles n'ont pas le même poids, qu'elles ne s'accroissent pas dans la même proportion et qu'elles ne fournissent pas la même somme de travail intellectuel.

En prenant seulement le poids pour base, on arriverait aux chiffres suivants :

AGES	POIDS MOYEN		QUANTITÉ DE VIANDE PROPORTIONNELLE	
	Garçons	Filles	Garçons	Filles
De 7 à 11 ans..	22^{k}826^{gr}	21^{k}430^{gr}	0^{k}120^{gr}	0^{k}112^{gr}
De 11 à 16 ans.	39 252	36 680	0 160	0 150
De 16 à 20 ans.	52 850	48 510	0 200	0 183

mais, comme il faut tenir compte des autres éléments de la question, on peut réduire cette quantité à 100 grammes pour les petites filles, à 130 pour les moyennes et à 160 pour les grandes. Je me hâte de dire que ce ne sont pas là des chiffres absolus, comme ceux qui règlent la ration du soldat et du marin ; c'est une simple indication pour les personnes qui dirigent les établissements d'instruction, à l'usage des jeunes filles.

Cette quantité de viande ne suffirait pas, car elle représente à peine les deux cinquièmes des substances azotées nécessaires à leur alimentation; le reste doit leur être donné sous forme de mets d'origine animale et d'une nature moins nourrissante, comme la volaille, le poisson, les œufs, ou d'aliments fournis par le règne végétal. Le pain occupe le premier rang parmi ces derniers, les légumes frais ou secs, les pâtes et les fruits viennent ensuite.

Le pain doit être donné à discrétion, comme dans les lycées, afin de permettre aux élèves de grand appétit de compléter leurs repas. Dans les pensionnats de jeunes filles où le gaspillage n'est pas à craindre, cette liberté fait réaliser une économie. Dans tous les établissements, le pain est fait aujourd'hui avec des farines de première qualité. On le donne frais, c'est-à-dire cuit pendant la nuit précédente et coupé par morceaux dans des corbeilles.

Les jeunes filles ne doivent pas être soumises au régime de l'eau pure. On ne les y condamne pas dans leurs familles et, dans les pensionnats, il faut toujours les mettre, autant que possible, dans les mêmes conditions que chez elles. Il est bon pour leur santé de leur faire boire, aux repas, une petite quantité de vin, de bière ou de cidre, en suivant les habitudes de la localité pour le choix de la boisson.

On donne de la bière aux élèves dans les départements de l'Est, du cidre en Bretagne et en Normandie et du vin dans le reste du pays. C'est ce dernier qui sert de base pour les quantités à délivrer, parce que c'est le plus riche en alcool. La sous-commission dont j'ai parlé plus haut a proposé d'en donner 16 centilitres aux élèves de plus de seize ans, 12 centilitres de onze à seize et 10 de sept à onze ans. On estime qu'il faut doubler cette quantité quand c'est du cidre, la doubler ou la tripler, lorsqu'il s'agit de bière, suivant son degré alcoolique. Ces chiffres peuvent servir d'indication pour fixer la ration qu'on peut donner aux jeunes filles, en la diminuant quelque peu en raison de leur sexe.

Les hygiénistes sont d'accord pour demander la suppression de *l'abondance* dans les lycées, comme dans les pensionnats. Il est préférable de délivrer à chaque élève sa ration de vin et de la laisser libre d'opérer elle-même le mélange.

L'eau potable qu'on délivre dans les établissements d'instruction, qu'il s'agisse de garçons ou de filles, doit être d'une pureté irréprochable ;

presque toutes les épidémies de fièvre typhoïde qui s'y produisent, reconnaissent pour cause l'usage d'eaux d'alimentation qui ont été contaminées.

Il est inutile de recommander la régularité dans les repas, lorsqu'il s'agit de pensionnats où tout se fait à heure fixe; mais il est indispensable de rappeler aux directrices la nécessité de laisser aux élèves le temps de prendre tranquillement leur nourriture. Quelque bon que soit leur estomac, il ne faut pas lui imposer un effort inutile. Les enfants ont déjà de la tendance à manger trop vite et à avaler leurs aliments sans les mâcher. Cela s'observe surtout à l'époque de la seconde dentition, où la denture est incomplète, et beaucoup d'indispositions, de dyspepsies qu'on observe à cet âge n'ont pas d'autre cause. Il ne faut pas forcer les petites filles à les contracter, en ne leur donnant pas le temps nécessaire pour prendre leurs repas.

Lorsqu'on les contraint à se jeter sur leur nourriture, elles prennent l'habitude de manger gloutonnement et sans soin. Cet inconvénient est aussi grave que le précédent. La façon de se tenir à table, de se servir de la fourchette et du couteau, l'observation des règles que le savoir-vivre impose aux gens du monde, dans les différents actes dont se compose le repas, sont des choses qui ont leur importance, car c'est à cela qu'on reconnaît les jeunes filles bien élevées et il est impossible qu'elles contractent ces habitudes de bonne compagnie, lorsqu'on ne leur laisse pas le temps de manger à leur aise.

Il est également inutile de leur imposer le silence pendant le repas. On y a renoncé presque partout pour les garçons et il est encore plus facile de maintenir l'ordre, parmi les jeunes filles, et d'empêcher la causerie de dégénérer en tapage.

III. *Vêtements et soins de propreté.* — Dans presque tous les pensionnats, on fait porter aux élèves un costume uniforme. Il doit être simple, mais il ne faut pas qu'il soit ridicule. Les vêtements noirs, que l'usage a fait adopter presque partout, ont l'avantage d'être peu salissants et siéent bien à toutes les jeunes filles.

La coiffure est la partie du costume dont la forme change le plus souvent et qui rend le plus ridicule lorsqu'elle est complètement démodée. Une pensionnaire qui paraîtrait dans la rue avec un chapeau comme ceux qu'on portait il y a vingt ans, exciterait le rire de tous les passants; or, s'il faut éviter de stimuler la coquetterie des jeunes filles, il est indispensable également de leur épargner des humiliations inutiles. Les chapeaux coûtent heureusement fort peu cher et on peut en changer de temps en temps la forme, sans ruiner les familles.

Les autres parties du costume sont soumises aux mêmes règles que celles que nous avons indiquées plus haut, avec cette réserve toutefois qu'on n'a pas à faire, dans les pensionnats, les mêmes concessions à la mode que dans la vie de famille et que l'hygiène n'y accepte aucun compromis.

Les soins de propreté dont j'ai déjà fait ressortir l'importance, sont un des points sur lesquels la surveillance des directrices doit s'exercer avec le plus de soin. Il faut qu'on donne aux élèves le temps nécessaire pour se nettoyer et faire leur toilette, et une demi-heure me paraît nécessaire pour cela. C'est le temps qu'y consacre une femme soigneuse, c'est celui qu'il faut accorder aux jeunes filles qui sont moins exercées que les femmes aux petits soins que la toilette comporte.

Les élèves doivent se laver largement à l'eau froide tous les matins. Il est inutile, comme je l'ai dit, de leur donner de l'eau chaude; mais il faut qu'elle soit fournie à discrétion et que les élèves aient de grandes cuvettes pour pouvoir s'y plonger. Rien n'est plus contraire à l'hygiène que les pots minuscules qu'on voit encore dans beaucoup de pensionnats et les cuvettes grandes comme des bols où on ne peut se tremper que le bout du nez.

L'eau froide ne suffit pas pour entretenir la propreté. Elle nettoie mal et son contact n'est pas suffisamment prolongé. Il faut y suppléer par les grands bains tièdes. Dans tous les établissements d'instruction, il doit y avoir une salle de bains et il faut que chaque élève en prenne au moins un par mois. C'est le minimum fixé par la sous-commission du régime dans les lycées et, pour une foule de raisons, les jeunes filles ont besoin d'une propreté plus rigoureuse encore. La même sous-commission a émis l'avis que les garçons prissent au moins un bain de pied par semaine; c'est un minimum auquel on peut se tenir; mais il faut laisser, à celles qui désirent se les laver tous les matins, toute facilité pour le faire et l'on doit même engager leurs compagnes à les imiter.

Il est un mode de bains plus simple et plus économique, qu'il serait à désirer de voir s'introduire dans tous les établissements d'instruction, c'est le *bain par aspersion*. Imaginé par le docteur Merry-Delabost, en 1872, et appliqué à la prison de Rouen, il est devenu réglementaire dans l'armée et il est très répandu en Allemagne. La plupart des grandes villes ont des établissements publics dans lesquels on se nettoie de cette façon pour une somme insignifiante. On commence à faire des installations du même genre dans les écoles de l'État.

Celle de Gœttingue fonctionne depuis plusieurs années et donne des résultats très satisfaisants. Quinze enfants peuvent se laver à la fois et on les envoie au bain par séries. Pendant que l'une se douche, la précédente s'habille et la suivante se déshabille. La salle renferme cinq douches. Au-dessous de chacune, est un *tub* en zinc dans lequel trois enfants prennent place. On les asperge, ils se savonnent mutuellement, ils se lotionnent avec l'eau tombée dans le *tub* et s'y lavent les pieds. Ils reçoivent alors une douche d'eau chaude, suivie d'une douche d'eau froide très courte, à la suite de laquelle ils s'essuient et se rhabillent. Le tout dure quinze minutes. Les garçons sont douchés nus; les petites filles ont un tablier de toile cirée et un bonnet imperméable.

Il serait à désirer que l'exemple de Gœttingue fût suivi en France. Le département de l'Instruction publique songe sérieusement à introduire cet usage dans les lycées. C'est le mode de balnéation le plus rapide et le plus économique. On peut y recourir plus souvent et obtenir par ce moyen une propreté complète. Peut-être un jour, en modifiant les procédés encore un peu rudimentaires auxquels on a recours aujourd'hui, parviendra-t-on à introduire les bains par aspersion dans les pensionnats de jeunes filles. Pour le moment, on rencontrerait, de la part des directrices de ces établissements et chez les mères de famille, une opposition qu'il ne faut pas affronter; aussi nous bornons-nous, pour le moment, à réclamer une salle de bains avec un nombre suffisant de baignoires, et un cabinet d'hydrothérapie dont le médecin sera chargé de prescrire l'emploi. C'est à lui de désigner les élèves qui doivent en faire usage. Il est également dans ses attributions de faire l'éducation des femmes chargées de doucher les élèves.

Indépendamment des lotions du matin, des grands bains et des bains de pieds, il est des soins de propreté plus intimes auxquels il faut habituer les jeunes filles, dans les pensionnats comme dans leurs familles. Il faut, dans les établissements d'instruction, leur fournir les meubles nécessaires, dans des cabinets isolés, afin qu'elles soient sûres de ne pas être aperçues, quand elles y sont.

Je n'ai que peu de chose à ajouter à ce que j'ai dit plus haut au sujet des soins qu'exige la chevelure. Ils doivent être l'objet de la même attention dans les pensionnats et ils y sont plus simples, puisqu'il n'y a pas à compter avec la mode. On a l'habitude de coiffer toutes les jeunes filles de la même façon; le plus souvent on leur fait des nattes; quelquefois on relève les cheveux sur le sommet de la tête, en formant un nœud qu'on maintient à l'aide d'un peigne.

Dans les pensionnats, comme dans la famille, on ne doit pas laisser les jeunes filles se coiffer elles-mêmes, parce qu'elles le font sans soin; elles s'arrachent les cheveux et ne les nettoient pas d'une manière suffisante. Or, la propreté du cuir chevelu est encore plus indispensable dans les établissements d'instruction que dans les maisons particulières, en raison de la promiscuité.

Les parasites se transmettent d'une enfant à l'autre et pullulent sur les têtes mal soignées, avec une déplorable facilité. Il faut aussi se défier des maladies contagieuses du cuir chevelu. Elles ont presque toujours la malpropreté pour cause; mais il en est de contagieuses, comme l'*herpès tonsurant* et la *pelade*; quand elles s'introduisent dans les écoles et les pensionnats, on a la plus grande peine à les en chasser. Je ne parle pas de la *teigne faveuse*, parce qu'on ne la rencontre plus dans les établissements dont je parle en ce moment. Lorsqu'une élève est atteinte d'une de ces affections, qu'on reconnaît aux plaques dénudées qui se produisent sur le cuir chevelu, il faut l'isoler et la soumettre au traitement que comportent ces affections.

Dans les pensionnats, les directrices et les maîtresses ne peuvent pas surveiller la denture de leurs élèves avec la même sollicitude que les mères; mais elles doivent les conduire périodiquement chez le dentiste, pour y subir les petites opérations nécessaires et pour faire nettoyer leur denture à fond. Lorsque les caries commençantes ont été traitées, qu'on a enlevé le tartre partout, les soins de propreté de chaque jour, l'eau et la brosse suffisent; mais il faut que les directrices surveillent cette partie de la toilette comme les autres.

IV. *Récréations, jeux, exercices.* — Je me suis assez étendu sur l'exercice au grand air et sur les jeux, en parlant de l'éducation dans la famille, pour n'être pas obligé d'y revenir à l'occasion de l'éducation en commun. Il est pourtant quelques points particuliers à traiter en ce qui concerne les pensionnats.

La première question, qui se présente au sujet des récréations, c'est d'en fixer la durée. C'est le point qui appelle le plus impérieusement une réforme. La nécessité de la vie au grand air pour les jeunes filles n'est contestée par personne. Or, pendant les classes et les études, elles sont nécessairement renfermées, elles ne peuvent par conséquent passer à l'air libre que le temps des récréations; il faut donc que celles-ci soient aussi longues que possible. Nous verrons plus loin que certaines parties de l'enseignement peuvent être données en promenade ou dans un jardin.

Pendant la belle saison, les devoirs peuvent être faits en plein air, c'est du moins ce qui se fait à l'école normale de la Seine. Dans certaines institutions, on fait apprendre les leçons aux élèves, en marchant; cependant, il ne faut compter que sur les récréations pour satisfaire à cette condition de l'hygiène, et il est impossible de continuer à tenir des jeunes filles enfermées pendant vingt et une heure sur vingt-quatre.

La formule américaine me paraît, dans ses termes généraux, applicable aux écoles de jeunes filles comme à celles de garçons. On sait qu'elle consiste à diviser la journée en trois parties égales : la première est consacrée au sommeil, la seconde aux travaux intellectuels, la troisième à la toilette, aux repas, aux exercices physiques et aux récréations [1]. Toutefois la même règle ne

____

1. Mme Necker, dans le plan qu'elle a tracé, ne donne que quatre heures au travail proprement dit, sur les quatorze heures d'occupation que comporte la journée d'une jeune fille. Le reste est partagé entre le repos, la culture des arts, les exer-

peut pas s'appliquer à tous les âges. Huit heures
de sommeil ne suffisent pas à de jeunes enfants.
J'estime qu'il en faut dix aux petites filles au-
dessous de onze ans, neuf à celles qui en ont de
onze à quinze et huit aux jeunes personnes de
plus de quinze ans.

Le travail intellectuel doit être dosé d'une
façon inverse. Les toutes petites filles en ont
autant qu'elles peuvent en supporter, lorsqu'on
les a tenues, sur leurs livres, pendant cinq heures
par jour et les plus grandes ont bien rempli leur
journée, lorsqu'elles ont travaillé huit heures,
avec une attention soutenue. En leur donnant
une heure et demie pour la toilette et les repas,
il reste encore sept heures au moins pour la
vie en plein air. On doit en profiter pour leur
faire faire chaque jour une longue promenade à
la campagne et pour leur permettre de jouer dans
les cours.

J'ai parlé des promenades à la campagne à
propos de la vie de famille; elles sont encore plus
avantageuses pour les élèves des pensionnats
qui sortent moins. On peut organiser, en leur
faveur, des herborisations pour les dimanches
Ces excursions leur permettent de faire de l'exer-

cices physiques et les réunions de famille. (Oct. Gréard, *Éducation et Instruction*, *loc. cit.*, p. 218.)

cice au grand air, de courir à leur aise et les divertissent, en les initiant aux éléments de la botanique sous la forme la plus agréable. Elles s'en vont tout le jour, à travers champs, cueillant des fleurs dont on leur dit les noms et les familles et dont elles rapportent le soir des brassées, avec lesquelles on leur apprend à confectionner ces herbiers élémentaires qui se composent de quelques feuilles de papier buvard et de deux planches, avec une grosse pierre par-dessus.

Dans les couvents où la règle interdit les promenades, il faut y suppléer en laissant les élèves s'ébattre en pleine liberté, dans les grands jardins que possèdent ces établissements; il est même bon de donner, à celles qui le désirent, un petit carré pour cultiver des fleurs. Le reste des sept heures peut être accordé aux exercices physiques et aux arts d'agrément, qu'on a l'habitude de prendre sur le temps des récréations pour ne pas nuire aux études.

Il ne suffit pas que le temps des récréations soit suffisamment long; il faut encore qu'il soit utilement employé. Dans les pensionnats, les jeux doivent être obligatoires. Il ne faut pas permettre aux élèves de se promener dans les cours ou les jardins comme de grandes personnes; encore moins peut-on les laisser se réunir par petits groupes pour faire la conversation. Il faut qu'elles courent, qu'elles dansent, qu'elles jouent et qu'elles rient.

C'est l'affaire des directrices d'organiser tout cela. « Elles ne doivent pas surtout, dit Mgr Dupanloup, laisser sans actions, ces élèves mornes, silencieuses, passives, rêveuses, qui sont la *peste* d'une récréation et d'un pensionnat tout entier, si l'on n'y prend garde. Que les jeunes maîtresses le comprennent bien : ces élèves *endormies* doivent être conduites à l'infirmerie si elles sont malades, ou dénoncées à la maîtresse générale, si elles opposent une résistance de mauvaise volonté à l'entrain qu'on veut leur donner, ou *réveillées* enfin, ce qui est le meilleur parti, par des jeux bien organisés et énergiquement soutenus [1]. »

S'il est des élèves indolentes qu'il faut réveiller, il en est d'autres au contraire dont il faut réprimer la fougue, parce qu'elles se livrent au jeu avec trop d'ardeur. Elles s'essoufflent, se mettent en sueur et pourraient se rendre malades si l'on n'y veillait pas. Ce n'est pas seulement une question d'hygiène. Rien de ce qui est violent, désordonné ne convient aux jeunes filles. Il faut leur interdire

1. *Lettres sur l'éducation des filles*, par Mgr Dupanloup, *loc. cit.*, p. 458.

ces cris sauvages qu'elles poussent quelquefois en récréation, qui sont du plus mauvais ton et pourraient finir par leur érailler la voix.

Pendant les récréations, comme dans les exercices, on doit s'attacher à développer, chez les jeunes filles, l'élégance et la grâce des mouvements. Il faut soigner les attitudes, modérer les allures, rectifier leur tenue : « Les jeux, dit Mgr Dupanloup, sont l'école des mouvements, des airs, du bon ton et de la physionomie générale. Une maîtresse doit surveiller et gouverner habilement le moindre détail de cet ensemble harmonieux qu'un rien peut troubler. »

Les récréations doivent se passer en plein air, toutes les fois que le temps le permet, c'est-à-dire quand il ne pleut pas et que la terre n'est pas recouverte d'une épaisse couche de neige. L'installation matérielle n'est pas bien dispendieuse. Il n'est pas admissible qu'un pensionnat n'ait pas un jardin ou tout au moins une cour, pour permettre aux élèves de tout âge de se divertir à l'abri des regards, de jouer à leur aise et sans contrainte. Il est facile d'y installer, à côté du gymnase, une pelouse pour le lawn-tennis, une surface sablée pour le jeu de croquet, pour la danse, pour les jeux de grâces, de volant, de marelle, etc.

Lorsque le temps est par trop mauvais, il faut bien se résigner à mettre les enfants à couvert. Ce qui convient le mieux alors, c'est un grand hangar ouvert à tous les vents et, si le froid est trop rigoureux, une salle claire, bien aérée, suffisamment vaste et de laquelle on aura soigneusement chassé la poussière. Ce n'est pas plus difficile à trouver dans un pensionnat, que la pelouse dont je parlais tout à l'heure.

La difficulté n'est pas dans l'installation matérielle, le véritable obstacle à vaincre réside dans les traditions, la routine, les habitudes contractées qui font regarder les jeux comme inutiles, comme une concession qu'on fait à contre-cœur à l'hygiène et à laquelle personne n'attache d'intérêt. Ce sont des errements à changer. Les directrices doivent diriger les récréations et les jeux, au même titre que les classes et les études; elles doivent varier les divertissements, en inventer au besoin, y prendre part, dans la personne de leurs sous-maîtresses, et s'attacher à les rendre attrayants.

Les jeux, nous l'avons déjà dit, sont le seul point sur lequel l'éducation en commun l'emporte sur la vie de famille, parce qu'ils sont essentiellement collectifs. Pour que les enfants se divertissent, il faut qu'ils soient réunis et qu'ils aient de la place, deux conditions irréalisables dans l'éducation du foyer. Lorsque les directrices des pensionnats comprendront cet avantage, et sauront en profiter, leur succès sera certain. Elles auront pour elles les hygiénistes et, avec cet appui, leurs établissements se relèveront rapidement du discrédit où les ont fait tomber l'excès de sédentarité et les vices de leurs méthodes pédagogiques.

V. *Congés, vacances.* — En parlant de l'éducation des garçons, j'ai dit qu'ils avaient trop de congés et de vacances. J'avais calculé qu'il y a, par an, 185 jours de chômage et je faisais observer que ce n'est pas la peine de faire travailler les élèves douze heures par jour, pendant la moitié de l'année, pour les laisser dans l'inaction pendant l'autre moitié. J'ai fait également ressortir l'inconvénient des sorties pendant lesquelles leurs correspondants les laissent libres de vagabonder à leur aise.

Ces reproches ne peuvent pas être adressés aux établissements d'instruction où s'élèvent les jeunes filles. Les congés sont un peu moins fréquents et les sorties ont plus d'avantages que d'inconvénients, puisqu'elles ramènent les élèves au foyer de la famille. Cette journée passée au milieu des leurs ne peut avoir qu'une excellente influence sur leur moral comme sur leur physique. Il n'y a pas à craindre, comme pour les garçons, qu'on les laisse courir seules par la ville, en société plus ou moins suspecte; et, lorsqu'elles rentrent le soir au couvent ou au pensionnat, c'est avec un sentiment de joie tranquille et de bonnes résolutions pour le travail du lendemain.

Il faut toutefois penser aux élèves qui n'ont pas de famille pour les recevoir et, si l'on se rappelle ce que nous avons dit de la clientèle des pensionnats, on ne sera pas surpris que cette catégorie soit très nombreuse. Ces pauvres abandonnées souffrent davantage de leur délaissement, le jour où leurs compagnes joyeuses s'envolent vers le foyer de la famille; c'est aux maîtresses à leur faire oublier leur isolement, en organisant pour elles des parties de plaisir inusitées.

Dans la belle saison, rien n'est plus facile. On peut les emmener passer la journée entière à la campagne, loin de la ville, dans des endroits qu'on n'a pas le temps de visiter au cours des promenades ordinaires. On prend pour but un vieux château, un site remarquable, quelque ruine curieuse et il n'est pas de localité qui n'ait de ces attractions-là dans son voisinage. On part de grand matin, en emportant avec soi des provisions et on remplace le dîner par un repas sur l'herbe. Le soir, on rentre au pensionnat, avec un peu de fatigue, mais avec de la gaieté, de la bonne humeur et des sujets de conversation pour toute la semaine.

Dans l'hiver, lorsque ces excursions à la campagne ne sont plus possibles, il faut les remplacer par une visite à quelque musée, à quelque monument sur le compte duquel on puisse raconter aux élèves des choses intéressantes et qu'on a réservées pour cette occasion. Au retour, on improvise un goûter, une petite sauterie, une soirée de charades, on s'ingénie en un mot pour divertir les enfants et c'est chose si facile, quand on veut s'en donner la peine.

Il est encore un autre moyen d'employer la journée de congé, pour les élèves qui restent au pensionnat. C'est de les emmener faire une excursion aux environs, en profitant des moyens de communication qui sont aujourd'hui si faciles et si peu dispendieux. C'est en somme ce qu'on fait tous les dimanches dans les familles d'ouvriers, à Paris et, je suis convaincu que les pensionnats de demoiselles obtiendraient facilement, des compagnies de chemin de fer, la réduction des prix que celle de l'Ouest accorde aux écoliers voyageant par groupes.

Enfin, on pourrait organiser, pour les pensionnaires sans parents, des voyages scolaires ou former de petites colonies de vacances, comme on le fait à Paris, pour les enfants des écoles primaires. Je suis convaincu que bien des jeunes filles ayant leurs parents seraient heureuses de s'y associer et que les familles s'empresseraient de profiter de cette occasion, pour leur procurer un voyage agréable, instructif, ou une villégiature profitable à leur santé.

CHAPITRE III

ÉDUCATION MORALE

Dans l'éducation des jeunes filles, la morale tient la première place, en raison même de la mission qu'elles sont appelées à remplir dans la famille. La femme, suivant l'expression de Mgr Dupanloup, est la députée de Dieu au foyer domestique. J'ajouterai qu'elle doit y entretenir la flamme douce et sereine des vertus paisibles qui en font le charme, la dignité et le bonheur. Elle est le soutien du mari et son réconfort dans les épreuves et, lorsqu'il se sent faiblir, c'est en elle qu'il doit trouver son appui. Enfin, elle est destinée, comme je l'ai dit plus haut, à préparer ses enfants pour les luttes de la vie, à leur donner les solides principes qui devront les guider, et la force d'âme nécessaire pour remplir leurs devoirs, quelque pénibles qu'ils puissent être un jour.

Pour développer ces mâles vertus chez ceux qui sont destinés à lui succéder dans la vie, il faut d'abord qu'elle les possède elle-même et l'éducation seule peut la lui donner. C'est une instruction toute spéciale qui ne comporte pas d'enseignement dogmatique et qui est par-dessus tout l'œuvre de la mère.

L'éducation morale est l'école du devoir, du caractère, des mœurs et du savoir-vivre.

I. — Les principes et les devoirs.

La première notion qu'on doive faire entrer dans l'esprit des enfants des deux sexes, c'est celle des devoirs qu'ils auront à remplir. Ils sont la base de la morale chez tous les peuples, le fondement de toutes les religions; ils sont inscrits en caractères très lisibles dans toutes les consciences honnêtes. Il est plus difficile d'amener les jeunes esprits à y conformer strictement leur conduite et de leur donner la force d'âme nécessaire pour les suivre en toute occasion.

L'honnêteté stricte, rigoureuse, qui ne connaît ni les compromis ni les défaillances, la probité qui ne recule devant aucun sacrifice, le respect

de la vérité, la fidélité à sa parole, l'horreur de
la délation, l'esprit de dévouement et de sacrifice,
sont d'austères vertus à la pratique desquelles
on ne peut s'élever que par une suite d'efforts,
appuyés sur une volonté ferme et sur une longue
habitude, fruit d'une éducation solide.

A côté de ces devoirs qui sont communs aux
deux sexes, il en est d'autres qui sont plus spécialement dévolus à la femme, ou du moins dont
l'oubli a chez elle des conséquences plus graves.
La chasteté, la pudeur chez les jeunes filles
demandent un respect plus profond, je dirai
presque plus religieux que chez les garçons du
même âge. Sans doute, il serait à désirer que
ceux-ci conservassent plus longtemps cette innocence tutélaire; la connaissance du vice est toujours prématurée; mais il n'est pas possible de
les en préserver, à moins de les isoler du monde
entier, comme l'élève théorique de J.-J. Rousseau.

Il n'en est pas de même des jeunes filles. On
doit, à cet égard, faire le vide autour d'elles et
les tenir à l'écart de tout ce qui peut offenser leur
pudeur, ou les initier à des vices qu'elles doivent
toujours ignorer. Certaines conversations à double
entente, une lecture imprudente, la vue d'un de
ces dessins, avec ou sans légende, que l'on trouve

partout aujourd'hui, suffisent quelquefois pour éveiller en elles des curiosités malsaines qu'elles chercheront ensuite instinctivement l'occasion de satisfaire. Il faut leur épargner ces dangereuses incitations, avec autant de soin qu'on en met à les garantir de la fièvre typhoïde ou de la petite vérole. Il faut d'abord les soustraire à la fréquentation des domestiques. Il en est de même de ces amitiés, ardentes, exclusives, jalouses, qu'on voit s'allumer tout à coup entre deux jeunes filles et qui ne sont parfois qu'une forme déguisée d'un sentiment qu'elles connaîtront plus tard. Elles en ont la fougue, la violence, elles en ont aussi le danger.

Le péril de ces liaisons n'est pas seulement de l'ordre moral. Toutes les femmes qui ont dirigé de grands établissements d'instruction me comprendront. Mme de Maintenon y fait à chaque instant allusion dans ses lettres, et c'est pour l'éviter qu'elle met une si grande insistance à proscrire les conversations à deux, les apartés dans les lieux solitaires et les correspondances clandestines. Ce sujet est d'une telle délicatesse, même pour un médecin, qu'on me pardonnera de n'y pas insister.

La pudeur des jeunes filles demande également qu'on la ménage, quand il s'agit de la parure et des ajustements. A cet égard, certaines mères sont véritablement bien coupables. Elles ne se doutent pas de l'impression pénible qu'éprouvent les hommes qui ne sont pas dépravés, en voyant entrer, dans un salon, des jeunes filles aussi peu vêtues que celles qu'on y rencontre quelquefois. C'est déjà chose fâcheuse, quand il s'agit de femmes arrivées à la maturité; mais des jeunes filles! On me dira que c'est la faute des couturières, qu'il faut bien faire comme tout le monde; c'est là le grand mot quand il s'agit de toilette; mais, s'il faut être indulgent pour la mode, quand il n'est question que de ridicules, on doit se montrer intraitable, quand la décence et la pudeur sont en jeu.

Il est possible qu'on trouve tous ces conseils trop austères; mais c'est un reproche que je suis décidé à braver. Il n'y a pas, à mon sens, de compromis possible sur de pareils sujets. Jamais il n'a été plus urgent et plus difficile, tout à la fois, de graver profondément ces principes dans les jeunes âmes. Tout conspire pour les effacer. Le courant d'idées qui entraîne notre époque, est un dissolvant contre lequel il est bien difficile de prémunir les femmes. Les mauvais exemples, les mauvaises lectures, le scepticisme et la raillerie avec lesquels on accueille les belles actions, l'indifférence pour le bien et pour le mal, l'indulgence pour les défauts et pour les vices, cette sorte de tolérance banale et gouailleuse qui laisse tout passer sans rien flétrir et sans rien approuver, tout cela sape peu à peu les bases de l'éducation maternelle et détruit l'effet des meilleurs enseignements.

Ce n'est pas une raison pour déserter la lutte. C'est un devoir pour les gens de bien que de réagir contre ces déplorables tendances, et les mères doivent redoubler d'efforts pour préserver leurs filles de cette contagion, pour les fortifier par une éducation austère, contre les mauvais principes et les déplorables exemples qui les attendent dans la vie.

Quand il s'agit d'imposer des obligations comme celles-là, de demander de pareils efforts et de semblables sacrifices, il faut pouvoir parler au nom d'un principe supérieur qui ne se discute pas et, pour ma part, je n'en connais qu'un qui soit assez puissant pour donner, à ceux qui le reconnaissent, la force nécessaire pour faire leur devoir. C'est le principe religieux. Personne ne sacrifierait ses intérêts, sa fortune et sa vie à une simple convention d'origine humaine. Si l'on s'y résout, si l'on a la force de le faire, si l'on éprouve une âpre jouissance à s'immoler à son devoir, c'est parce qu'au fond de sa conscience on reconnaît qu'il vient de Dieu.

Il est des hommes sans foi ni croyances qui sont pourtant rigoureusement honnêtes. Le sentiment abstrait du devoir leur suffit, sans autre sanction, pour les maintenir dans la bonne voie; mais ces hommes d'élite ne peuvent pas faire loi. Les femmes, dont la trempe est moins forte, dont le caractère est plus faible et l'imagination plus vive, ont besoin d'un appui plus solide. Il leur faut l'idée de Dieu, la croyance à la vie future avec ses récompenses et ses châtiments. Il la leur faut bien nette, bien clairement exprimée, telle enfin que la religion la leur présente et qu'elle est enseignée dans la morale chrétienne, pour les réconforter.

Toutes les nations du reste ont compris la nécessité de donner l'idée religieuse pour base à l'éducation morale. En France même et malgré les apparences, l'Université, en théorie du moins, a toujours maintenu ce principe.

Elle a donné sa place à la religion dans les programmes de l'enseignement, à tous les degrés, ainsi que dans les instructions aux instituteurs primaires. C'est un peu pour la forme, je le sais; je sais aussi que les instituteurs n'en tiennent pas compte dans la pratique, mais enfin ce n'en est pas moins la reconnaissance du grand principe que nous venons de poser.

Du reste, à part quelques sectaires que la passion égare, les hommes, même dénués de croyances, considèrent la religion comme devant faire la base de l'éducation de la femme. Ceux-là même qui ne pratiquent pas, lorsqu'il s'agit de contracter un mariage, préfèrent souvent s'adresser à une jeune fille qui a été pieusement élevée, que de prendre pour compagne une femme partageant leurs opinions. Ce n'est pas logique sans doute; et de pareilles unions n'assurent jamais ce bonheur complet, cette entente parfaite qui repose sur une communauté de croyances et de principes. De semblables compromis consacrent dès le début une sorte de divorce des âmes qui ne vaut rien pour l'éducation des enfants; mais enfin c'est un hommage involontaire que ces hommes inconséquents rendent à la religion dont ils ne suivent pas les lois, c'est quelquefois un regret, parfois même une espérance.

La religion, telle que la conçoivent les maîtres de l'enseignement qui en font la base de l'éducation, n'a rien d'intolérant, d'exagéré. Elle réside plus dans les principes que dans les pratiques et personne, à cet égard, n'a donné aux mères des conseils plus sages et plus modérés que les membres du haut clergé qui ont écrit sur l'éducation. Les livres de Fénelon et ceux de Mgr Dupanloup sont, à cet égard, d'inimitables modèles et, comme je n'ai ni leur autorité, ni leur savoir, ni leur haute raison, je renverrai les mères de famille à leurs ouvrages, pour tout ce qui touche à un sujet que je n'aborde qu'avec le sentiment de mon incompétence [1].

II. — Les vertus domestiques et le caractère.

Il ne suffit pas d'enseigner aux jeunes filles les grands devoirs dont nous venons de parler, il faut encore développer chez elles les qualités qui en rendent l'accomplissement possible. La première de toutes, c'est la volonté, sans laquelle les meilleures dispositions sont stériles.

Lorsqu'on ne sait ni vouloir, ni résister, ni souffrir, on traverse la vie comme une épave que la mer et le vent entraînent à tous leurs caprices. Impuissant pour faire le bien comme pour empêcher le mal, on assiste d'une façon passive, avec des regrets et des remords, à toutes les infamies, à toutes les lâchetés qui se commettent autour de

1. *De l'éducation des filles*, par M. de Fénelon, archevêque de Cambrai, édition nouvelle, Paris, 1809. — *Lettres sur l'éducation des filles et sur les études qui conviennent aux femmes dans le monde*, par Mgr Dupanloup, évêque d'Orléans, Paris, 1879.

soi et on en devient le complice, parce qu'on n'a rien fait pour les empêcher.

Cette faiblesse morale est, avec l'indifférence dont je parlais tout à l'heure, le grand écueil sur lequel la civilisation contemporaine est venue s'échouer. A tous les degrés de la hiérarchie sociale, on retrouve cette indolence égoïste qui paralyse tous les efforts. On ne sait plus commander à ses enfants, à ses domestiques, à ses subalternes. On se laisse faire la loi par ceux qui devraient la recevoir, on subit l'influence de ceux qu'on devrait diriger. Il en est ainsi dans la famille, comme dans la société, comme dans la politique ; la volonté et l'obéissance semblent s'être réfugiées dans l'armée. C'est leur dernier rempart. Là, rien ne se discute, ni les principes ni les actes. L'enthousiasme, l'amour du pays, l'honneur du drapeau, enflamment tous les cœurs et, comme ce sont là des vertus éminemment françaises, il suffit aux jeunes soldats de passer par cette grande école, pour les acquérir ou les retrouver. Les femmes n'ont pas cette ressource et c'est à leurs mères qu'il appartient de leur donner la trempe du caractère sans laquelle il n'y a ni qualités ni vertus.

Les mères doivent apprendre de bonne heure à leurs filles que la vie n'est pas une fête, qu'elle a un but plus noble et plus élevé. Sans leur présenter l'avenir sous un jour trop sombre, sans exagérer les épreuves qui les attendent, il est bon de les leur faire pressentir et de les habituer de bonne heure à accepter l'inévitable, à subir, sans plainte, les contrariétés, les petits chagrins qui sont proportionnés à leur âge et qui les font autant souffrir que ceux qu'elles auront à subir un jour. Il faut aussi leur apprendre à supporter la douleur physique et ne pas leur montrer une commisération exagérée, ni des terreurs puériles, lorsqu'elles viennent à faire une chute ou à se blesser légèrement.

Leurs mères doivent aussi, dans leur intérêt comme dans celui des autres, les aguerrir contre les frayeurs et les répugnances déraisonnables qui, le plus souvent, ne sont que le résultat de l'imitation. Les enfants, n'ayant pas la notion du danger, sont en général inaccessibles à la crainte. Lorsqu'ils sont tout petits, ils éprouvent une terreur instinctive pour tout ce qui les étonne et les impressionne fortement, pour les grands bruits, pour les ténèbres, pour les objets d'aspect effrayant; mais on parvient à les en guérir assez facilement.

Toutefois il est nombre de femmes qui ont peur du tonnerre, des détonations, des araignées, des

souris. Elles savent bien au fond que tout cela ne
peut pas mettre leur vie en péril; mais elles
redoutent l'impression qu'elles en ressentent,
parce qu'elle leur est pénible, au même titre
qu'elles craignent la douleur physique que cause
une douche froide ou un coup de bistouri. Il faut
les délivrer, dès l'enfance, de cette pusillanimité
qui les met dans un état d'infériorité ridicule,
les habituer de bonne heure à dompter ces répugnances, à triompher de ces craintes, en leur
donnant l'exemple , en les excitant par des
louanges à essayer de se vaincre; mais il faut
éviter avant tout de les brusquer et d'employer
la violence, car on s'exposerait à provoquer chez
elles des convulsions ou des attaques de nerfs
suivant leur âge.

Le conseil que je viens de donner de parler
raison à de toutes petites filles, peut paraître
étrange; il est cependant fondé sur l'expérience
des maîtres en matière d'éducation. « Ce que je
peux affirmer, pour en avoir fait l'épreuve, dit
Mgr Dupanloup, ce qu'il importe particulièrement de savoir, c'est que les petites filles sont
généralement raisonnables et que, même dès l'âge
de cinq à six ans, on peut leur parler raison. On
est étonné alors de leur aimable gravité, de
leur sérieuse attention; seulement cette atten-

tion est de courte durée et il ne faut pas la fatiguer.

« Je l'ai souvent observé : de très bonne heure, les organes délicats de ces petites filles permettent, bien plus qu'on ne serait porté à le croire, le développement de leurs facultés intellectuelles et morales : la pénétration de leur esprit est d'une précocité étonnante, souvent redoutable.

« Elles ont l'air de jouer et elles réfléchissent, elles jugent de tout ce qui les environne ; elles savent à qui confier ce qu'elles pensent ou même le garder pour elles seules et se taire, si cela favorise mieux leurs petits plans, lesquels sont quelquefois arrêtés longtemps à l'avance. Ce n'est pas le jugement seul, c'est le raisonnement même qui commence à se former à cet âge ; elles apprécient fort judicieusement le degré de vertu ou de faiblesse des personnes qui les approchent. »

Mme de Maintenon était du même avis : « Il faut, disait-elle, parler à une fille de sept ans aussi raisonnablement qu'à une de vingt. C'est ce qui avance nos filles comme elles le sont, quoique, du reste, elles n'aient aucune expérience ».

Ce serait aller trop loin pourtant, que de conclure de cette précocité intellectuelle à la possibilité de tenir le même langage aux jeunes filles à tous les âges. Il faut approprier le raisonnement à leur portée intellectuelle et ne pas s'obstiner à se faire comprendre. Les enfants ne sont pas susceptibles de réfléchir longtemps à la même chose; lorsqu'ils ne saisissent pas du premier coup, ils y renoncent; mais ce que vous leur dites reste gravé dans leur mémoire et ils le retrouvent plus tard. C'est pour cela qu'il ne faut jamais leur donner une explication fausse, pour se mettre à leur portée; il vaut mieux s'exposer à n'être pas compris.

Il est également inutile de s'obstiner à leur faire entendre raison, quand il s'agit d'obtenir d'elles quelque chose qui leur déplaît; on les conduit par là à opposer des arguties aux raisonnements qu'on leur fait, on les autorise à discuter, lorsqu'il s'agit d'obéir.

L'obéissance est en effet la condition nécessaire de toute éducation et le raisonnement ne peut en être que l'auxiliaire. Il faut, dit Mme Kergomard [1], qu'elle soit d'abord passive, inconsciente, autoritaire, avant de devenir raisonnée et consentie; mais à tout âge elle est de rigueur. C'est la grande vertu de l'enfance, parce que c'est la ruine de l'odieuse personnalité, l'antipode de l'égoïsme.

1. *L'Éducation maternelle dans l'école*, par Mme P. Kergomard, inspectrice générale des écoles maternelles, Paris, 1886, p. 61.

C'est la qualité la plus importante, pour la femme surtout. L'obéissance est chose si nécessaire sur la terre, que l'on ne saurait s'y plier trop tôt. C'est par elle que l'idée du devoir devient puissante : on ne cherchera jamais à en secouer le joug, quand on se sera habitué, dès le jeune âge, à se soumettre à une autre loi qu'à celle de sa fantaisie ou de son caprice.

L'obéissance ne doit pas s'imposer avec raideur et dureté, il ne faut pas faire intervenir l'autorité à tout propos; il ne faut défendre que ce qu'il est indispensable d'interdire, n'exiger que ce qui est nécessaire; mais, une fois le refus formulé, l'ordre donné, ils doivent être irrévocables. Si l'enfant s'aperçoit qu'on finit par céder à ses importunités, à ses instances, à ses prières ou à ses larmes, on perd tout ascendant sur lui; il a trouvé le défaut de la cuirasse, il sait comment s'y prendre et on n'obtiendra plus rien de lui, ou bien il faudra faire intervenir tout l'arsenal des punitions.

Il ne faut jamais permettre un jour ce qu'on a défendu la veille, car c'est encore donner prise à l'enfant, qui constate cette versatilité et la taxe de caprice. « Il est indispensable, dit Mme Kergomard, qui a écrit d'excellentes choses sur l'éducation du premier âge, il est indispensable que l'enfant sente dès les premiers jours la supé-

riorité morale de celle qui s'occupe de lui et qu'il
ne surprenne jamais les défaillances dont il se hâte-
rait de profiter. Il faut s'être intéressé à la psy-
chologie enfantine, pour se rendre compte du tact
merveilleux avec lequel l'enfant reconnaît le fort
et le faible de ses guides. Il est notre juge, ne
l'oublions jamais; dès qu'il a compris que nous
sommes à la fois bons et forts, que nous nous
occupons de lui avec tendresse et logique, il est
conquis et nous avons désormais sur lui une
entière influence. Ce point acquis, nous arrivons,
de nuance en nuance, de l'éducation autoritaire
à l'éducation raisonnée [1]. »

Une éducation sévère, lorsqu'elle est juste, n'est
jamais un malheur pour celui qui la reçoit; il ne
faut pas pourtant pousser trop loin la rigueur. On
s'exposerait à briser le ressort de certains caractères, en voulant les tremper trop fortement.
L'obéissance est indispensable à l'éducateur;
mais il commettrait une faute irréparable, si pour
l'obtenir, il étouffait un autre sentiment qui se
manifeste un des premiers et qu'il est nécessaire
de diriger; je veux parler du besoin, je dirai
presque de la soif de la liberté [2].

1. *L'Éducation maternelle dans l'école*, par Mme P. Kergomard, inspectrice des écoles maternelles, *loc. cit.*, p. 63.
   2. *Id.*, p. 65.

Ce sentiment naît avec l'enfant; on ne peut pas, dans l'éducation en commun surtout, le laisser se donner carrière; mais il faut le respecter dans la mesure du possible, laisser, pendant les récréations, les enfants faire ce qu'ils veulent, quand cela ne présente pas trop d'inconvénients pour eux ni pour les autres. Ils ont besoin d'avoir leurs moments de détente et de ne pas sentir incessamment peser sur leurs épaules le joug de fer de la discipline et de l'autorité.

Tous les enfants n'ont pas besoin qu'on le leur fasse sentir avec la même dureté. Il en est de rétifs, d'intraitables, qu'il faut absolument dompter, parce qu'il faut que force reste à la loi et que la loi, dans ce cas, c'est la règle et la volonté du maître; mais il est aussi des natures faibles, timides, qui ne réagissent pas et qui, lorsqu'on les comprime, se laissent faire, deviennent des automates et perdent, en grandissant, leur personnalité. Habituées à se laisser conduire, à ne jamais prendre un parti d'elles-mêmes, elles apportent, dans la pratique de la vie, cette indécision, cette absence de volonté dont nous avons fait ressortir le danger dans les pages précédentes.

Toutefois, s'il y a de l'inconvénient à soumettre les enfants au régime d'une discipline trop sévère, il y en a cent fois plus encore à les laisser faire leurs volontés et céder à leurs caprices. Les enfants gâtés font leur malheur et celui de leur famille. Jean-Jacques Rousseau qui, au milieu de ses paradoxes, dit parfois d'excellentes choses, a tracé, de main de maître, le portrait de ces petits personnages si désagréables pour ceux qui les entourent. « L'enfant qui n'a qu'à vouloir pour obtenir, dit-il, se croit le propriétaire de l'univers. Il regarde tous les hommes comme ses esclaves et, quand on est forcé de lui refuser quelque chose, lui, croyant tout possible quand il commande, prend ce refus pour un acte de rébellion. Toutes les raisons qu'on lui donne, dans un âge incapable de raisonnement, ne sont à son gré que des prétextes; il voit partout de la mauvaise volonté, le sentiment d'une injustice prétendue aigrissant son naturel, et prend tout le monde en haine et, sans jamais savoir gré de la complaisance, il s'indigne de toute opposition. J'ai vu des enfants élevés de cette manière qui voulaient qu'on renversât la maison d'un coup d'épaule, qu'on leur donnât le coq qu'ils voyaient sur un clocher, qu'on arrêtât un régiment en marche, pour entendre le tambour plus longtemps, et qui perçaient l'air de leurs cris, sans vouloir écouter personne, aussitôt qu'on tardait à leur obéir. Tout s'empressait vainement à leur complaire ; leurs désirs s'irritant par la facilité d'obtenir, ils s'obstinaient aux choses impossibles. Ils ne trouvaient partout que contradictions, qu'obstacles, que peines, que douleurs. Toujours grondants, toujours furieux, ils passaient les jours à crier, à se plaindre ; étaient-ce là des êtres bien fortunés [1] ? »

La condition des enfants gâtés est pourtant encore supportable, tant qu'ils demeurent au foyer de la famille, où tout le monde obéit à leurs caprices. Ce sont de petits fléaux, d'odieux tyrans, égoïstes et lâches ; mais ce sont surtout les autres qui en souffrent. C'est au moment où ils se mêlent aux enfants de leur âge, que leur punition commence. Les camarades se chargent de leur former le caractère, par des procédés sommaires et auxquels ils ne sont pas habitués. S'ils sont internes, les punitions s'abattent sur leur tête et leur font une existence intolérable à laquelle les parents s'empressent de les soustraire. Il en est beaucoup qui se corrigent et qui deviennent d'excellents sujets ; mais ceux qui ne sont pas doués d'excellentes dispositions s'aigrissent, et prennent en haine l'humanité. Les rudes leçons de

1. Jean-Jacques Rousseau, *Émile ou De l'éducation*, liv. II, publié par Jules Steeg, Paris, 1888, p. 48.

l'expérience continuent ensuite à se succéder pour eux, d'autant plus dures, d'autant plus amères, qu'ils avancent davantage dans la vie. Ce sont des existences manquées et qui ne peuvent pas se réparer.

Il y a moins d'inconvénient sans doute à gâter les petites filles que les petits garçons; les conséquences de ce vice d'éducation sont moins palpables chez elles; j'en ai pourtant connu de bien insupportables; mais d'ailleurs quelles épouses et quelles mères elles feront plus tard! La femme à laquelle on n'a pas appris de bonne heure à obéir, ne saura jamais commander. Celle qui n'a pas pris l'habitude de se vaincre, de dompter ses mauvais penchants et de résister à ses caprices, ne saura jamais imposer à ses enfants le joug tutélaire auquel on n'a pas su la soumettre; elle ne pourra jamais exercer sur eux cette douce influence faite d'amour, de condescendance et d'autorité qui est, comme nous l'avons dit, le grand principe de toute éducation.

Le défaut qu'il faut combattre avec le plus de ténacité chez l'enfant, c'est le mensonge, et c'est le plus difficile à déraciner. Il est si naturel aux êtres faibles de chercher à se soustraire à un reproche, à une punition, à l'accomplissement d'un devoir pénible, en altérant la vérité! Toutes les petites filles sont menteuses et, dans les écoles, lorsqu'on cherche à leur faire comprendre combien ce défaut est honteux, on voit toutes les têtes se baisser et tous les visages rougir. Les caractères craintifs, timides, y sont encore plus inclinés que les autres et, pour les corriger, il faut y apporter plus de ménagements. En se montrant implacables pour celles qui mentent, en se montrant indulgents pour les fautes qu'on avoue, on parvient le plus souvent à redresser ce travers.

Il est facile de persuader aux petites filles qu'il leur est impossible de tromper leurs mères et de leur rien cacher, et que le plus sûr moyen de se faire pardonner une étourderie, une maladresse, ou même une faute plus sérieuse, consiste à l'avouer immédiatement. Pour les jeunes personnes auxquelles on peut faire entendre le langage de la raison, il faut insister, avec énergie, sur tout ce que ce vice a de vil et de méprisable et, lorsqu'une d'elles est convaincue de l'avoir commis, il faut lui témoigner une défiance soutenue, lui montrer qu'on ne croit plus ce qu'elle dit, jusqu'à ce qu'elle ait prouvé qu'elle est bien corrigée.

Pour cela, il faut commencer par ne jamais les tromper, même dans les petites choses, par ne pas leur raconter de ces histoires dont il faut les désabuser un jour et ne pas leur donner des explications saugrenues, pour se débarrasser de leurs questions. L'expérience de la vie leur apprendra assez tôt qu'il n'est pas toujours possible de dire la vérité tout entière, sans causer d'irréparables malheurs ou sans commettre d'impardonnables impolitesses; qu'il est des cas où il faut savoir se taire, et que ces compromis, imposés par les convenances du monde et par certaines exigences professionnelles, sont compatibles avec la plus stricte droiture; mais, à leur âge, les principes doivent être tout d'une pièce, et elles ne comprendraient pas des distinctions dans lesquelles il est inutile d'entrer.

Les enfants naissent égoïstes et le demeurent lorsqu'on ne les en corrige pas. C'est le fond de leur nature. C'est le premier épanouissement de leur existence. Chez les petites filles, il se montre plus tôt parce qu'elles sont plus précoces, et il devient chez elles la source de tous les autres défauts. Les petites colères, les jalousies, les envies, la gourmandise, le mensonge, l'indocilité, la vanité n'ont en somme pour but que la satisfaction, le triomphe du moi physique ou moral.

Il faut commencer, dès le berceau, à combattre cette volonté égoïste, tyrannique, instinctive, qui veut se satisfaire aux dépens des autres. Il faut réprimer ces premiers écarts, dès leur apparition, par une résistance calme, un refus tranquille mais inébranlable, sur lequel les pleurs et les cris n'ont aucune prise. Plus tard, on peut faire intervenir le raisonnement, parler au cœur de la petite fille, faire vibrer les cordes de cette sensibilité qui ne demande qu'à entrer en action. Il est facile d'émouvoir sa compassion; il n'y a que trop d'occasions de mettre sa charité à l'épreuve; mais il ne faut pas, comme le font beaucoup de mères, lui dérober le spectacle des misères humaines, dans la crainte de l'attrister.

Il est bon que, de bonne heure, elle accompagne sa mère dans ses visites de charité, que celle-ci l'habitue à distribuer ses aumônes, à faire d'elle-même le sacrifice de ses jouets, de l'argent qui lui est donné pour ses menus plaisirs, aux petits déshérités qu'elle visite à domicile. Les enfants sympathisent plus facilement aux chagrins qui frappent ceux de leur âge, qu'aux malheurs des grandes personnes, parce qu'ils font un retour sur eux-mêmes et qu'ils songent que leur destinée aurait pu être la même.

Dans le cours de la vie, si l'on sympathise avec toutes les douleurs, on n'a de pitié profondément sentie que pour celles qu'on a éprouvées ou pour celles qu'on redoute. Les enfants ne font pas exception à cette règle et c'est pour cela que la vue des petits malheureux leur fait tant de bien. Le plaisir de leur donner quelque chose et de voir le bonheur que ces pauvres êtres en ressentent, est la plus saine des joies qu'on puisse donner à son enfant.

La charité, la commisération sont au fond de toutes les natures humaines, mais à des degrés divers, et c'est assurément la vertu sur laquelle l'éducation a le plus de prise. Il est possible de la développer par l'exercice chez une nature ingrate, de même qu'elle peut s'atrophier par l'inaction dans les organisations les plus riches.

Une jeune fille élevée dans une famille riche, où tout est luxe et bien-être autour d'elle, où l'on tient la misère à distance, qui ne voit la pauvreté que du haut de son équipage, ou des fenêtres de son hôtel et qui n'en connaît d'autre spécimen que l'engeance peu recommandable des mendiants de la rue, celle-là ne peut pas s'apitoyer sur des douleurs qu'elle ne soupçonne même pas, dont elle a entendu vaguement parler et qu'elle met sur la même ligne que les souffrances des noirs de l'intérieur de l'Afrique ou le meurtre des petits Chinois.

La charité est une vertu qui doit s'exercer avec intelligence et qui demande de la culture.

Il ne suffit pas d'être bon, compatissant, il faut encore savoir l'être avec discernement; il faut savoir, en même temps que son aumône, donner quelque chose de soi-même, il faut qu'il vous en coûte, il faut en un mot que le sacrifice y ait sa part. Le sacrifice est le talisman qui ennoblit tout ce qu'il touche et sans lequel il peut y avoir de bonnes actions, mais pas une œuvre méritante. Il apporte avec lui sa récompense, pour les cœurs qui ont su s'habituer à la pratique de cette mâle vertu. La joie austère de s'immoler aux autres, est la plus pure, la plus noble et la plus vive qu'on puisse goûter. Quand on a une fois savouré l'âpre douceur de ce fruit incomparable, on ne peut plus s'en passer, et de toutes les façons de régler son existence, celle qui conduit le plus sûrement au bonheur, c'est de s'oublier soi-même et de vivre pour les autres.

C'est là ce qu'une mère, vraiment digne de ce nom, doit s'efforcer de persuader à sa fille, avec douceur et modération, en lui donnant l'exemple, et sans rien exagérer, car il faut toujours se souvenir que lorsqu'on excite la sensibilité de ces cœurs encore neufs, il est facile de dépasser le but. Il serait imprudent d'exalter ces jeunes âmes et de leur inspirer le désir de pousser, jusqu'à ses dernières limites, l'esprit d'abnégation et de sacri-

fices, parce qu'on pourrait s'en repentir un jour.
L'amour de ses semblables, la compassion pour
leurs douleurs, l'indulgence pour leurs faiblesses,
l'oubli de leurs injures, de leurs mauvais procédés,
tout cela se tient, se confond dans un seul et
même sentiment, se résume dans un mot : *la bonté.*
C'est la première, la plus précieuse des vertus
de la femme, celle qui lui permet de faire le plus
de bien, celle qu'il faut développer avec le plus
de soin dans le cœur des jeunes filles.

Elle doit s'étendre au delà même de l'humanité.
J'ai toujours eu horreur des enfants qui font souffrir les animaux. Il y a là comme un reste de
cruauté native, un vestige de cette férocité des
premiers âges de l'espèce humaine, que les progrès de la civilisation ont peu à peu détruite,
mais qui se retrouve encore dans certaines races
et dans certains individus. Je n'ai pas confiance
dans les hommes qui sont cruels envers les animaux, je ne crois pas qu'ils puissent être meilleurs pour leurs semblables et je serais d'une
sévérité implacable pour les enfants qui montrent
de pareilles tendances, afin de les en guérir à
jamais.

J'ai parlé du danger qu'il peut y avoir à exalter
l'imagination et la sensibilité des jeunes filles,
alors même qu'il s'agit des plus nobles sentiments

qu'on puisse développer en elles; cette nécessité s'impose d'une façon bien plus rigoureuse encore, lorsqu'il s'agit de choses qui n'ont pas ce caractère de moralité.

Il faut éviter de les initier, de trop bonne heure, aux réalités repoussantes de la vie, de faire devant elle des récits dramatiques, effrayants. On surexcite leur imagination et leur sensibilité, par des émotions malsaines, ou excessives, avec des contes, des histoires de voleurs, d'empoisonnements, d'assassinats; on remplit leurs jeunes esprits de sottises et de niaiseries, en leur racontant des sornettes.

Les bonnes ont surtout ce travers. Pour captiver les petites filles et avoir la paix, elles leur font des contes ridicules, des histoires de revenants qui les terrifient; ou bien elles tiennent devant elles des conversations de nature à pervertir leurs facultés morales. Les enfants ne comprennent pas sans doute; mais il arrive un moment où leur intelligence s'ouvre, où la réflexion intervient, le mauvais levain de ces odieux souvenirs fermente alors et leur enseigne l'immoralité et le dévergondage.

Les lectures ne demandent pas moins d'attention. On ne saurait véritablement se montrer trop sévère, dans le choix des ouvrages qu'on met

entre les mains des petites filles. Il existe aujour-
d'hui une littérature à leur usage. Elle est beaucoup plus riche que dans mon enfance, où nous
n'avions que Berquin. La Bibliothèque Rose forme
une collection charmante qui ne peut leur donner
que de bons enseignements. Les livres de Mme de
Ségur, ceux de Zénaïde Fleuriot les instruisent en
les amusant et ne peuvent que leur être utiles.

Il y a pourtant, dans ces collections elles-
mêmes, des choses qui les initient à de petits
défauts, à de petites méchancetés qu'il vaudrait
mieux ne pas leur faire connaître. C'est avec
l'intention de les leur faire éviter, je le sais bien,
qu'on fait passer sous leurs yeux toutes ces peccadilles, immédiatement suivies de leur punition;
mais il serait préférable de ne pas les leur révé-
ler. Les enfants sont ainsi faits que bon nombre
de ceux qui lisent ces histoires, sont tentés d'imiter les petits mauvais sujets qui en sont les héros
et qu'on a soin de doter par ailleurs de toutes les
qualités du cœur.

Les récits dans lesquels on dépeint, avec force
détails, les méchantes actions d'enfants gour-
mands, menteurs, désobéissants, malpropres,
apprennent, à ceux qui les écoutent ou qui les
lisent, comment on commet toutes ces fautes.
Je ne dirai pas, comme Mme Kergomard, que

c'est une école de vice, parce que ce serait aller trop loin, mais c'est un mauvais enseignement. Tout le monde déplore le mal que fait, aux jeunes filles des classes laborieuses, la lecture des romans-feuilletons qu'on les voit se disputer à la porte des cabinets de lecture et dévorer en se rendant à leur travail; assurément la Bibliothèque Rose ne renferme pas de pareils poisons, mais il est quelques-uns de ses livres qui font connaître, aux enfants, des raffinements de malice et nombre de méchants tours qu'il serait préférable de leur laisser ignorer.

Pour les jeunes personnes, le choix des lectures est plus difficile encore. La Bibliothèque Rose ne leur suffit plus et les livres spécialement écrits pour cet âge ingrat, comme ceux de Mme Maryan et de Mme Bourdon, ne sont pas très nombreux. Et puis, le moment vient où elles aspirent à s'initier aux choses de la vie, aux ouvrages qui intéressent le monde dans lequel leur mère commence à les conduire et qui en défraient les conversations. Il y a là un écueil qu'il faut éviter.

Dans le choix des livres à la mode, il faut pousser la rigueur presque jusqu'à la proscription. Je ne parle pas seulement des romans; mais les revues, les journaux qu'on laisse traîner sur les tables des salons où elles ont accès, ne sont pas sans danger pour elles. Ces œuvres séduisantes et spirituelles ont, pour ces jeunes intelligences, un attrait qu'expliquent leur impressionnabilité et le peu d'aliment qui lui est donné. « Elles se passionnent, dit Fénelon, pour des romans, pour des comédies, pour des récits d'aventures chimériques, où l'amour profane est mêlé. Elles se rendent l'esprit visionnaire, en s'accoutumant au langage magnifique des héros de roman; elles se gâtent même par là pour le monde; car tous ces beaux sentiments en l'air, toutes ces passions généreuses, toutes ces aventures que l'auteur du roman a inventées pour le plaisir, n'ont aucun rapport avec les vrais motifs qui font agir dans le monde et qui décident des affaires, ni avec les mécomptes qu'on rencontre dans tout ce qu'on entreprend.

« Une pauvre fille, pleine du tendre et du merveilleux, qui l'ont charmée dans ses lectures, est étonnée de ne point trouver, dans le monde, de vrais personnages qui ressemblent à ses héros : elle voudrait vivre comme ces princesses imaginaires qui sont, dans les romans, toujours charmantes, toujours adorées, toujours au-dessus de tous les besoins. Quel dégoût pour elles de descendre de l'héroïsme jusqu'aux plus bas détails du ménage [1]! »

1. *De l'éducation des filles*, par M. de Fénelon, *loc. cit.*, p. 11.

Le danger de se créer un monde factice peuplé par son imagination et de vivre dans un rêve éveillé, a des séductions telles que les jeunes filles qu'on abandonne à elles-mêmes et qu'on élève dans la solitude, y tombent presque fatalement. C'est le moyen pour elles d'échapper à l'ennui, à l'isolement. On se fait soi-même l'héroïne d'un roman qu'on se raconte sans cesse et qui est d'autant plus intéressant qu'on le façonne à sa guise, qu'on en est le centre et le milieu; mais plus tard, de quelles déceptions cette existence factice n'est-elle pas suivie! Quel dégoût pour la vie, lorsqu'on tombe de ces hauteurs imaginaires, dans le terre à terre de l'existence prosaïque qui est au fond celle de tout le monde!

Je crains toutefois de commettre ici un anachronisme. Ces choses-là se passaient du temps de Fénelon et du mien; mais, si je m'en rapporte à des observations plus récentes, la jeunesse d'aujourd'hui est bien guérie de ce travers de l'idéal; elle ne plane pas dans les nuages, au milieu des brumes et sur l'aile des vautours. Positive et raisonnable, elle tient davantage au bien-être matériel, aux jouissances de la vanité, à tout ce qui se vend et s'achète et à l'argent avec lequel on se procure tout cela. C'est peut-être une affaire d'âge et de tempérament, mais je trouve qu'elle n'en vaut pas mieux pour cela. Il est certain pourtant que les jeunes filles dont je parle ont moins à redouter les mauvaises lectures : elles sont vaccinées.

A côté de ces dangers très sérieux, puisqu'ils compromettent ce qu'il y a de plus précieux dans une jeune fille, son innocence et sa pudeur, il en est d'une nature moins grave, mais qui demandent pourtant qu'on y fasse attention. C'est ainsi qu'il ne faut pas jouer avec la sensibilité nerveuse des petites filles. Il en est qui ont la passion des larmes, qui s'excitent elles-mêmes à pleurer et qui se mettent devant un miroir, pour se contempler dans cet état et se repaître de leur affliction.

C'est une disposition tout à la fois morale et physique à laquelle elles se laissent aller, mais qu'il faut combattre, parce qu'il n'est pas d'habitude plus désagréable dans la vie, et que rien n'est déplaisant comme ces femmes éplorées qui se mettent à fondre en larmes à tout propos. Il faut surtout éviter de surexciter cette tendance par des lectures ou par des récits larmoyants ; et lorsqu'il advient qu'on n'a pas pu les éviter, il faut rappeler aux enfants que ce sont des contes faits à plaisir, qu'il n'y a rien de vrai dans toute cette mise en scène, qu'il faut réserver ses larmes pour les souffrances trop réelles qu'on rencontre à chaque pas dans la vie, et pour les infortunes vraies qu'on trouve sur son chemin. Ce remède opère avec une promptitude remarquable. Au moment le plus pathétique d'un récit, lorsque toutes les larmes coulent, il suffit, pour les faire cesser, de dire à ces petites attendries : « Pourquoi pleurer puisque vous savez bien que ce n'est pas vrai » ?

Le rire demande aussi qu'on le modère, quand il est trop bruyant et surtout lorsqu'il se produit dans des circonstances où il est inconvenant, comme lorsque toutes les élèves se mettent à rire en classe, à propos d'une grimace ou d'une bouffonnerie faite par l'une d'elles. Le rire est contagieux au plus haut point, comme tous les phénomènes nerveux ; il est même convulsif dans le *fou rire* et alors il faut le laisser passer, parce qu'il est irrésistible. En dehors des conditions où les enfants doivent se tenir tranquilles, écouter ou étudier, il faut les laisser s'égayer à leur aise et même les y encourager. La gaieté est une si bonne chose, le rire aux éclats fait tant de bien, qu'il faut le laisser s'épanouir chez les enfants, parce que c'est le meilleur indice de la santé physique et morale et parce qu'il contribue à les entretenir toutes deux.

Ce n'est pas une raison pour l'exciter par des

bouffonneries, par des caricatures burlesques, ou par des plaisanteries douteuses; on doit éviter, dans l'éducation des jeunes filles, tout ce qui est grossier, trivial, de même qu'il faut les garantir contre l'exagération des sentiments, et contre leur expression forcée. Apprendre aux enfants à rester dans la juste mesure, est une des maximes capitales de l'enseignement, c'est encore en somme une façon de leur apprendre à respecter la vérité. Le calme, la patience, une juste appréciation des choses, sont indispensables aux femmes dans la pratique de la vie et on ne saurait trop faire pour les doter de ces qualités de premier ordre, en rectifiant à chaque instant leur manière de voir, au sujet des personnes avec lesquelles elles sont en contact et des événements qui se passent sous leurs yeux.

En ce qui a trait aux personnes, les jeunes filles apportent le plus souvent, dans leurs relations, une passion regrettable. Elles s'éprennent pour les gens, avec autant de facilité qu'elles en mettent à les prendre en grippe. Il n'y a pas, pour elles, de milieu entre l'adoration et la haine, et elles apportent dans ces sentiments la versatilité de leur âge. C'est à leurs maîtresses à leur démontrer leur erreur, à leur prouver que leurs affections ou leurs sympathies sont outrées, à les ramener à la vérité. Elles doivent aussi porter toute leur sollicitude sur un défaut assez commun chez les petites filles, un de ceux qui font le plus souffrir celles qui en sont la proie et les personnes qui sont condamnées à vivre avec elles. Ce défaut, j'allais dire ce vice, c'est la jalousie.

Cette forme sombre et amère de l'égoïsme, comme l'appelle Mgr Dupanloup, naît avec l'enfant ; mais il dépend de l'éducation de la corriger. Elle se manifeste quelquefois dès le berceau. Saint Augustin, dans ses *Confessions*, raconte avoir vu un enfant à la mamelle entrer subitement en fureur, dès qu'il voyait sa nourrice donner le sein à un autre.

Chez les petites filles, la jalousie ne se manifeste pas d'une manière aussi naïve ; elles sont habiles à la dissimuler ; elles savent que c'est un mauvais sentiment, elles le cachent, et il ne se révèle que par quelque sentiment involontaire aussitôt réprimé, ou par quelque action sournoise.

Aussitôt qu'une mère distingue chez sa fille un indice de cette passion haineuse, il faut la combattre ; mais il n'en est pas qui demande plus de ménagements. Si on l'attaque directement et par la force, elle se retranche dans les profondeurs de l'âme qu'elle dévore sans s'apaiser. Il faut la

traiter, comme une maladie mentale, par la douceur et la compassion. L'enfant jaloux est mauvais, injuste, haineux, il faut le guérir en lui
témoignant plus de tendresse. Il ne faut pas hé-
siter au besoin à lui donner une préférence appa-
rente sur ses frères et ses sœurs, sans toutefois
blesser la justice; et, quand il s'agit de sa fille,
une mère doit se souvenir que la pauvre enfant
s'exagère tout ce qu'on fait pour les autres, qu'elle
se croit sans cesse victime, qu'elle souffre de cette
désaffection qui lui semble évidente, et que les
maux imaginaires ne sont pas moins douloureux
que les autres.

Plus tard, on fait intervenir le raisonnement,
on lui démontre son erreur, son injustice, ses
torts et on redouble de tendresse pour lui faire
accepter cette leçon; on l'exerce à discerner ce
défaut, à en démêler les moindres nuances, à
sentir sa déraison et sa laideur; mais il ne faut
pas oublier qu'il n'y a pas de blessure de l'âme
qui demande une main plus maternelle pour la
panser et qui soit plus difficile à guérir.

La jalousie est un défaut exceptionnel chez les
jeunes filles, tandis que la légèreté et l'exagération sont des travers on ne peut plus communs.
Leur admiration est aussi irréfléchie, aussi instan-
tanée que leur aversion. On ne peut assurément

pas demander à des enfants la rectitude de jugement, l'impartialité raisonnée des femmes que
l'expérience a mûries, au prix de nombreuses et
cruelles leçons. Il serait même fâcheux qu'il en
fût ainsi, car, pour me servir d'une vieille méta-
phore, l'arbre de science ne porte des fruits que
quand il a perdu ses fleurs.

Il est bon que les jeunes filles aient de l'enthousiasme pour le bien et de l'horreur pour le
mal; il est bon qu'elles se passionnent pour les
belles actions, pour les nobles dévouements, pour
les grands sacrifices. Il ne faut pas qu'elles prennent la vie à l'envers, et qu'elles se targuent de
bonne heure d'une désespérance qui n'est pas de
leur âge, pour suivre une mode qui tend à s'établir aujourd'hui.

Le pessimisme, ce mauvais rêve que l'humanité
a fait de tout temps, renaît aujourd'hui sous une
forme plus prétentieuse et moins séduisante que
par le passé. Une école, formée dans les pays de
brume dont nous sépare le Rhin, cherche à ressus-
citer cette doctrine du désespoir, que les poètes et
les écrivains du commencement du siècle avaient
mise à la mode et qui a fait tant de mal aux
hommes de notre génération. Mais ceux-là du
moins avaient pour eux leur génie. Ils s'appe-
laient lord Byron, Lamartine, Alfred de Musset.

Le bon Alexandre Dumas lui-même avait quelque peu versé dans cette ornière; mais son heureux naturel, son esprit, sa gaieté gauloise l'en ont bientôt fait sortir.

Il faut laisser aux Germains ces tristes rêveries, et surtout en préserver les jeunes filles, car à cet âge de la vie, on se fait volontiers l'écho de ses propres sons, et à force de se dire et de se croire malheureuse, on finit parfaitement par le devenir. C'est une maladie mentale comme une autre. Il serait déraisonnable sans doute de leur faire entrevoir la vie comme un songe enchanteur; mais il ne faut pas les en dégoûter par avance. Mieux vaut leur montrer que, sur cette pauvre terre où elles sont appelées à vivre, la somme du bien dépasse encore celle du mal, que l'existence a ses joies comme elle a ses larmes, que lorsqu'on la traverse avec courage, résignation, sans dévier un instant de la droite ligne et avec la foi dans une autre vie, on arrive à son terme sans trop de souffrance et de dégoût.

Ce sont là des pensées bien austères pour de jeunes esprits qui ne demandent qu'à s'épanouir dans le bonheur de leurs quinze ans, et il est inutile de les évoquer à tout propos; mais il faut les garder comme un remède contre la maladie de l'esprit dont je parlais tout à l'heure et dont il faut combattre les premières manifestations.

Il est un travers plus répandu et tout aussi fâcheux que celui de voir les choses en noir, et de s'en exagérer l'importance, c'est celui de les prendre trop à la légère, de ne voir dans tous les événements de la vie qu'un prétexte à plaisanteries et à bons mots. La tournure d'esprit qui consiste à chercher en tout le côté ridicule, à railler les crimes comme les actions héroïques, appartient essentiellement à notre pays et à notre époque. Il est entretenu par une certaine presse qu'il fait vivre. Il a, pour son usage, un jargon spécial, inintelligible pour ceux qui n'y sont pas initiés, composé de bons mots que la mode change et renouvelle, de tournures de phrases étranges, empruntées au langage des petits théâtres et à la littérature de café-concert. Aller chercher là ses modèles n'est assurément qu'un travers; mais, à la longue, il fausse l'esprit et même le cœur. A force de tout railler, de tourner en ridicule les choses les plus respectables, on finit par ne plus croire à rien, et par ne plus distinguer le bien du mal. On rit de l'un comme de l'autre, on en arrive à se moquer de ses propres défauts et de ses propres chagrins.

Ce rire amer et malsain fait peine à voir sur les

lèvres des jeunes filles. Les mères ne sauraient
trop leur montrer combien il les enlaidit. Elles
doivent aussi veiller de bonne heure à la tendance
qu'ont les petites filles intelligentes et spirituelles
à se moquer des personnes de leur entourage. Il
y en a qui déploient, pour contrefaire les ridicules
des gens, un talent d'imitation que ne désavoue-
raient pas les acteurs qui en font un métier. On
en rit, on s'en amuse, on les encourage, et ces
petits succès enracinent chez elles un défaut qui
plus tard aura des conséquences sérieuses.

Elles ne savent pas quelles blessures cruelles
on peut faire avec un bon mot, quelles haines on
assume parfois, pour une plaisanterie qui a trop
bien porté. L'expérience de la vie le leur apprendra
à leurs dépens, mais une mère prudente doit leur
épargner ce douloureux enseignement.

Il faut d'ailleurs habituer les petites filles à se
taire quand elles se trouvent dans le monde, à y
garder une contenance modeste et réservée. Lorsqu'on est en famille, qu'on n'a rien d'important à
se communiquer, il est bon de les laisser se mêler
à la conversation, de leur permettre de dire leur
mot et de faire leurs petites observations; mais en
public, elles doivent garder le silence. Elles sont
là pour écouter et pour faire leur apprentissage.
Rien n'est plus malséant, plus désagréable, que

ces petites péronnelles qui importunent les grandes personnes de leur babil, leur coupent la parole et interviennent dans la conversation, pour dire quelque niaiserie ou quelque sottise.

Cette prétention de se faire remarquer, de mettre leur petite personnalité en avant, est une des formes de la vanité, mais celle-ci en a beaucoup d'autres. La jeunesse est d'autant plus présomptueuse qu'elle a moins d'expérience. Empressée de se faire un petit bagage d'idées et de sentiments, elle les prend comme ils se présentent, sans y regarder de près, et y tient d'autant plus qu'ils lui ont moins coûté. Lorsqu'on veut rectifier leur jugement, on se heurte parfois contre un entêtement qui ne cède devant aucun raisonnement, qui ne capitule devant aucune démonstration. Il ne faut pas s'obstiner à les vaincre; lorsqu'on sent ce parti pris chez une jeune fille, il faut rompre l'entretien par une affirmation catégorique et par un ordre formel si le sujet le comporte.

La forme que revêt le plus habituellement la vanité à cet âge de la vie, c'est l'amour de la parure, le désir de plaire et d'éclipser ses compagnes, par le luxe ou par l'élégance des ajustements. Le goût de la toilette est inné chez la femme. A peine une petite fille sait-elle distinguer ce qui l'entoure, qu'on la voit rechercher ce qui attire les regards, sourire et s'admirer elle-même quand elle est bien mise, et faire les petites mines les plus drôles du monde. On en rit à cet âge de la vie, mais il ne faut pas laisser ce penchant se développer outre mesure. Il est bon qu'une jeune fille ait un grand soin d'elle-même, il est naturel qu'elle aime à se parer, mais il ne faut pas que ce goût devienne tyrannique et, pour cela, une mère doit le diriger et donner le bon exemple. Je me suis déjà du reste expliqué à ce sujet dans le chapitre précédent et il est inutile d'y revenir. Le goût de la toilette ne peut pas devenir envahissant, désordonné, chez une jeune fille sérieusement élevée, à laquelle sa mère a su inspirer les qualités sérieuses de la femme, c'est-à-dire l'amour du travail, l'ordre et l'économie.

L'amour du travail n'est pas plus naturel à l'enfant que celui de la propreté, il faut le lui inspirer comme l'autre et surtout il faut chercher à le rendre attrayant. Une petite fille bien élevée ne doit jamais rester dans l'inaction; il faut qu'elle travaille ou qu'elle joue, qu'elle s'instruise, qu'elle rende de petits services dans la maison ou qu'elle s'amuse.

La paresse et la nonchalance doivent être incessamment combattues. Les enfants ne com-

prennent ni la nécessité ni la dignité du travail,
il faut l'imposer, pour en faire contracter l'habitude et pour cela, il faut en varier la forme, l'interrompre souvent, y intéresser la jeune fille pour
arriver enfin à le lui faire aimer. Je reviendrai
sur ce sujet lorsqu'il sera question de l'éducation
intellectuelle.

L'ordre et l'économie sont les qualités qui ont le
plus d'influence sur le bien-être et la prospérité de
la famille. Quelles que soient les ressources d'un
ménage, quelles que soient l'activité laborieuse du
mari et sa capacité personnelle, tout croulera, si
la maîtresse de la maison ne sait pas la tenir.
Son étude et sa philosophie doivent consister,
comme le voulait le bon Chrysale, à faire aller
son ménage, à avoir l'œil sur ses gens et régler
sa dépense avec économie.

Fénelon mettait ces obligations au premier rang
parmi les devoirs des femmes, et il est entré, à
ce sujet, dans des développements qui prouvent
l'importance qu'il y attachait. « La plupart des
femmes, dit-il, négligent l'économie comme un
emploi bas qui ne convient qu'à des paysans ou à
des fermiers, tout au plus à un maître d'hôtel ou
à quelque femme de charge : surtout les femmes
nourries dans la mollesse, l'abondance et l'oisi-
veté, sont indolentes et dédaigneuses pour tout

ce détail, elles ne font pas grande différence entre la vie champêtre et celle des sauvages du Canada. Si vous leur parlez de vente de blé, de cultures de terres, des différentes natures de revenus, de levée des rentes et des autres droits seigneuriaux, de la meilleure manière de faire des fermes, ou d'établir des receveurs, elles croient que vous voulez les réduire à des occupations indignes d'elles. »

Les mœurs ont changé ; les droits seigneuriaux ont disparu ; il n'est plus question, pour les femmes de vendre du blé, ni de lever des rentes ; mais l'éloignement, le dédain d'un certain nombre d'entre elles pour les occupations du ménage, sont restés les mêmes, et elles n'ont point pour excuse, l'orgueil du nom et la distance qui séparait les nobles dames du xviie siècle des gens de roture avec lesquels la gestion de leurs intérêts les mettait en contact.

L'ordre et l'économie s'apprennent comme autre chose, et les mères, soucieuses de l'avenir de leurs filles, doivent les initier de bonne heure à la connaissance des mille détails que suppose la mise en pratique de ces grandes qualités. C'est en somme, pour la femme, l'apprentissage de sa profession et il faut le commencer en temps opportun.

Cet enseignement demande autant d'intelligence et de tact que celui des belles-lettres et des arts d'agrément. Il faut éviter de tomber dans les exigences futiles et dans les minuties. On doit donner à chaque détail son importance relative et ne pas mettre tout sur le même plan. Il faut surtout éviter de confondre l'économie avec l'avarice et faire prendre ce vice en horreur. Il n'en est pas de plus illogique et de plus rapetissant tout à la fois. « Montrez à vos filles, dit l'archevêque de Cambrai, tous les ridicules de cette passion. Dites-leur ensuite : prenez garde que l'avarice gagne peu et déshonore beaucoup. Il ne faut retrancher les dépenses superflues que pour être en état de faire plus libéralement celles que la bienséance, ou l'amitié, ou la charité inspirent. Souvent c'est faire un grand bien que de savoir perdre à propos; c'est le bon ordre et non certaines épargnes sordides qui font les grands profits [1]. »

L'ordre et la propreté d'une maison ont la même importance. Un intérieur modeste, lorsqu'il est bien rangé, bien tenu, fait plus de plaisir à voir que l'appartement le plus luxueux dans lequel le désordre s'est installé. Il est même par-

---

1. *De l'éducation des filles*, loc. cit., p. 157.

ticulièrement pénible de voir de belles tentures, des meubles élégants, froissés, salis, souillés par l'insouciance imprévoyante de ceux qui s'en servent. Une maison bien tenue appelle et retient ses habitants ; le désordre en écarte tout le monde et rend un intérieur inhabitable. Chacun s'éloigne de son côté et les domestiques livrés à eux-mêmes achèvent de tout saccager. Il est inutile d'ajouter que rien n'est plus ruineux. Une femme sans soin ne tient pas mieux ses comptes que sa maison et les domestiques ne se contentent pas de gaspiller, ils pèchent à loisir dans cette eau trouble et se font des rentes avec la fortune de la maison.

On voit, d'après tout ce qui précède, combien il faut de soin, de précaution, de douceur, de fermeté et de patience pour former le cœur et l'esprit d'une jeune fille ; mais il est une période, dans leur existence, où cet ensemble de qualités devient encore plus nécessaire aux personnes qui les dirigent, où les difficultés sont parfois presque insurmontables. C'est au moment de la puberté. Toutes les institutrices expérimentées reconnaissent que c'est le moment critique de l'éducation des jeunes filles et que c'est alors qu'elles ont le plus besoin d'une sollicitude tendre, ferme et intelligente.

Il est rare que la transformation physiologique qui s'accomplit alors ne s'accompagne pas de quelques perturbations dans l'ordre moral. Le travail complexe qui s'opère en elles, les sensations nouvelles qui s'éveillent à leur insu, réagissent sur leur caractère et sur leur intelligence. Il en résulte un état de fatigue, d'inquiétude, d'agitation, quelque chose d'incohérent dans la pensée, de bizarre dans les goûts. Tantôt les facultés intellectuelles semblent s'engourdir, la mémoire sommeille et l'attention devient impossible ; tantôt, au contraire, c'est un besoin de mouvement, une irritabilité inexplicables ; elles deviennent maussades, injustes, ou d'une sensibilité exagérée ; elles pleurent à tout instant sans motif, ou se livrent à des accès de gaieté tout aussi incompréhensibles. C'est aussi l'époque de la vie où le nervosisme se prononce, où les spasmes, où les vapeurs apparaissent, où les premières attaques d'hystérie surviennent, chez celles qui y sont disposées.

Cette phase de l'existence réclame les plus grands ménagements. Il ne faut pas oublier qu'on est en présence d'un état maladif spécial qui a droit à l'indulgence, qu'on doit redoubler de douceur et de tendresse, tout en montrant une fermeté inébranlable ; car, s'il faut éviter de brusquer de pauvres jeunes filles souffrantes et d'exaspérer leur état, il est plus dangereux encore de les abandonner à leurs caprices, à leurs mauvais penchants, d'accepter leurs exigences, de tolérer leurs extravagances, leurs accès de colère, de s'y résigner comme à une loi fatale et de se borner à gémir et à patienter, en se croisant les bras.

Lorsqu'on laisse aller ainsi les choses, lorsqu'on permet à ces travers de se développer en liberté et d'acquérir droit de domicile chez une jeune fille, il n'est pas possible de les déloger plus tard, ou du moins il faut pour cela des efforts et une sévérité qui font assurément plus de mal que la fermeté soutenue qu'il aurait fallu déployer au moment de la crise. Une mère qui n'abdique pas à ce moment-la et qui maintient son autorité sans rudesse, fait franchir ce mauvais pas à sa fille, sans qu'elle y perde rien de ses qualités. Il suffit pour cela qu'elle fasse appel à sa raison, à son bon cœur, à ses croyances religieuses et qu'elle fasse intervenir en même temps le traitement hygiénique et médical que réclame le côté physique de cet état complexe.

III. — Le savoir-vivre et les convenances.

Les relations mondaines tiennent une si large place dans la vie des femmes appartenant aux classes élevées de la société, que tout ce qui les concerne prend, dans leur éducation, une importance considérable. Elles sont du reste merveilleusement douées pour saisir les nuances les plus délicates du code des bienséances; elles ont pour cela un tact, une finesse qui les rend, sous ce rapport, bien supérieures aux hommes de leur milieu.

Le monde est leur élément; elles s'y complaisent, et c'est à peine s'il est besoin de leur enseigner à s'y bien conduire. Il suffit de leur donner l'exemple et de l'appuyer de quelques conseils; mais le savoir-vivre ne se borne pas à connaître l'art d'entrer dans un salon, et de faire la référence, c'est aussi le code des relations sociales et des rapports qui les régissent.

Bien que ce soit un complément d'éducation et que le savoir-vivre n'ait lieu de s'exercer qu'au moment où la jeune fille a traversé cet âge ingrat, dont je parlais tout à l'heure, il est pourtant des bienséances auxquelles il faut les habituer longtemps avant cette époque, sous peine de les voir contracter des habitudes qu'on aura plus tard toutes les peines du monde à déraciner.

Il faut, de très bonne heure, leur apprendre l'art de se conduire avec les petites filles de leur âge qu'elles rencontrent sur les promenades publiques, ou dans les institutions qu'elles fréquentent. Ce petit monde a ses coutumes et ses exigences comme l'autre et, du premier coup d'œil, on y reconnaît les petites filles bien élevées de celles qui ne le sont pas.

Ce n'est pas seulement par la mise, c'est surtout par leur façon de se tenir, par la grâce décente avec laquelle elles jouent, par leur aménité à l'égard de leurs petites amies. On voit, dans leurs façons, un reflet des habitudes de leur milieu; mais on y trouve aussi la marque d'une éducation bien dirigée.

Leurs jolies manières contrastent avec la brusquerie, les éclats de voix, les cris, les gestes désordonnés de certaines de leurs compagnes, et lorsqu'on les écoute, on voit qu'il existe la même différence dans leur langage, et même dans leurs sentiments. On voit qu'elles sont polies et courtoises, qu'elles mettent de la bonne grâce à prêter leurs jouets à leurs petites amies, à les admettre dans leur cercle, et à les faire participer à leurs amusements. Au lieu de rudoyer les étrangères, elles les admettent avec aménité ou s'en éloignent sans impolitesse.

Il n'est pas nécessaire qu'il y ait, entre ces enfants, des présentations en règle; mais, dans les grandes villes où on ne se connaît pas, où l'élégance du costume n'est pas toujours un gage de bonne éducation, une mère prudente ne laisse pas sa fille jouer avec la première venue, ou du moins elle lui apprend à se tenir sur la plus grande réserve avec celles qu'elle ne connaît pas.

Il est également nécessaire d'apprendre aux petites filles à respecter leurs vêtements, à s'amuser sans se salir, à éviter les jeux malpropres et enfin à ne pas se livrer au plaisir avec une ardeur désordonnée et inconvenante dans un lieu public.

Le respect des bienséances est tout aussi nécessaire à la maison. Il faut surtout apprendre aux jeunes filles à tenir leur chambre bien en ordre et avec la plus rigoureuse propreté, à donner une place à chaque objet et à l'y replacer lorsqu'on s'en est servi. On se rend compte plus tard, dans la vie, de tout le temps qu'on gaspille à la recherche des objets dont on a besoin, lorsqu'on n'a pas contracté de bonne heure l'habitude d'y mettre de l'ordre.

La façon de se tenir à table demande une éducation particulière. Il ne suffit pas, pour une jeune fille, de savoir y conserver un maintien convenable et de manger proprement, il faut qu'elle soit au courant des mille petits détails qui composent cet acte éminemment complexe et difficile et qui sont tous réglés par le code des bienséances, depuis la façon de s'asseoir et de déplier sa serviette, jusqu'à la manière de se lever. Ces riens, dont les hommes sérieux sont tentés de rire, ont leur importance, parce que les gens bien élevés se reconnaissent entre eux, à la façon instinctive dont ils s'en acquittent et à la perfection qu'ils y apportent. C'est une sorte de franc-maçonnerie à laquelle il faut être initié et, pour les femmes surtout, la plus légère infraction à ce code les fait immédiatement disqualifier. Pour ne pas commettre ces peccadilles compromettantes, il faut y avoir été exercée depuis la première enfance.

Lorsqu'il en a été ainsi, les jeunes filles, quand elles arrivent à l'âge de débuter dans la vie, sont déjà prêtes à y faire bonne figure. Quelques conseils et de bons exemples suffiront pour les perfectionner. Il y a, dans leur existence, un moment solennel, c'est celui qui suit la puberté, où elles commencent à préluder à leur entrée dans le monde. Alors, on leur fait quitter le costume qu'elles ont porté jusqu'alors, on leur met des robes longues ; elles s'habillent et se coiffent comme les grandes personnes, ou plutôt comme celles qui aspirent à le devenir, car il y a, comme on le sait, des nuances infinies dans le costume féminin. C'est aussi le moment où leur mère les prend avec elle et s'en fait accompagner dans les visites qu'elle fait, comme dans celles qu'elle reçoit. C'est la seconde phase de cette éducation spéciale.

On leur a appris, au pensionnat ou dans leur famille, à marcher et à faire la révérence, à entrer sans gaucherie dans un salon ; mais elles ne savent pas encore très bien comment s'y conduire, comment saluer la maîtresse de la maison, quelle attitude il faut prendre à l'égard des personnes qu'on rencontre chez elle, le sourire gracieux qu'il convient d'adresser aux personnes de connaissance, la froideur polie qu'il est de bon goût de montrer à celles qu'on ne connaît pas.

Pour initier sa fille à ces détails, la mère n'a rien de mieux à faire que de la garder d'abord près d'elle, à ses jours de réception. Elle y étudiera la façon de faire des amies qui s'y succèdent, et quelques observations, faites ensuite sur l'attitude de chacune d'elles, suffiront bientôt pour lui donner le côté théorique de cet enseignement. C'est la partie matérielle des relations mondaines et c'est

chose facile que d'y acquérir la correction nécessaire ; le reste ne s'apprend pas aussi facilement,
parce qu'il faut, pour arriver à tenir dans un salon
la place même modeste qui sied à une jeune fille,
pour s'y faire bien venir et laisser une bonne
impression quand on en sort, il faut du tact,
de l'intelligence et même un bon cœur.

Le tact apprend d'abord à n'attirer l'attention en aucune manière, à prendre place dans le
cercle, sans embarras comme sans affectation, et
à laisser parler les grandes personnes. Il est
malséant qu'une jeune fille se mêle à la conversation. Elle ne doit y prendre part que pour
répondre aux questions qu'on lui adresse et par
quelques apartés avec les jeunes filles qu'elle connaît, ou avec les amies de sa mère.

En avançant en âge, elle est tenue à moins de
réserve et, dans les cercles très restreints, il lui
est permis de causer. Il est même bon qu'elle le
fasse ; car son silence serait mal interprété et,
comme le monde est rarement bienveillant, on
lui ferait bientôt une réputation de nullité intellectuelle ; mais, pour savoir causer, il faut à la
fois du tact et de l'intelligence, du tact pour ne
pas aborder de sujets trop délicats et ne pas faire
d'allusions qui pourraient être douloureuses ou
blessantes, de l'intelligence pour ne pas débiter

des riens ou des sornettes, et enfin de la bonté pour trouver des paroles affectueuses et qui ne soient pas banales, lorsqu'on se trouve en rapport avec des gens que le malheur a frappés.

Il appartient surtout aux jeunes filles d'aller au-devant des personnes timides, de celles qui se trouvent dépaysées dans un cercle où elles ne sont pas connues, et de les tirer d'embarras, en engageant avec elles la conversation. Il dépend d'elles de se faire aimer, en se montrant bonnes avec tout le monde et en témoignant une grande déférence aux vieillards. Ceux-ci sont reconnaissants de l'attention qu'on leur prête, du plaisir qu'on semble prendre à écouter leurs récits, bien qu'on les sache par cœur, et ce sont les vieilles femmes qui font la réputation des jeunes filles.

Les mères doivent surtout mettre les leurs en garde contre le travers de la moquerie. Ce travers est très commun, parce que c'est une façon très facile de montrer de l'esprit et que les natures qui ne sont pas très élevées, éprouvent un certain plaisir à rire de leurs semblables. La moquerie est sans doute moins coupable que la médisance, mais elle fait autant d'ennemis, parce que le ridicule est en France ce qu'on redoute le plus et ce qu'on pardonne le moins. Une jeune fille qui a de l'intelligence et du cœur, doit avoir le même éloignement pour ces deux formes de la méchanceté mondaine.

Il n'est pas nécessaire de déchirer son prochain pour alimenter une conversation; même en dehors du cercle de l'intimité, les sujets de conversation ne manquent pas, à notre époque où toutes les manifestations de l'activité intellectuelle sont développées avec une intensité sans égale, et où la presse les répand sur le monde entier.

« L'art de causer, dit Fonssagrives, est essentiellement féminin; il vient des femmes, s'entretient par les femmes et vaut, dans une nation, ce que vaut la culture de leur esprit. La conversation n'existe qu'à la condition d'une femme qui l'anime. Les hommes ont inventé les clubs et les assemblées; les femmes ont inventé les salons, c'est-à-dire ces réunions élégantes où se polissent les mœurs, où s'aiguisent les esprits, où les langues s'achèvent. Les hommes sont faits pour écrire, les femmes pour parler, et celles qui ont le mieux réussi dans les livres, les ont parlés plutôt qu'elles ne les ont écrits [1]. »

Il est impossible de mieux penser et de mieux dire; mais l'éminent hygiéniste dont j'ai tant de plaisir à citer le nom, a écrit cette page charmante,

1. J.-B. Fonssagrives, *l'Éducation physique des jeunes filles, loc. cit.*, p. 232.

il y a vingt ans déjà, dans la solitude du Morbihan, où il a terminé sa vie, en compagnie des grands esprits, des immortels écrivains des deux siècles qui ont précédé le nôtre, et peut-être a-t-il commis un anachronisme. Nous ne sommes plus aux beaux temps de l'hôtel de Rambouillet et de la société d'Auteuil; les femmes dont le savoir, l'esprit et la grâce attiraient et retenaient près d'elles les illustrations de cette époque érudite et lettrée entre toutes, ces femmes-là n'ont pas laissé de postérité. Les salons, dans le sens qu'on attachait à ce mot, étaient des centres d'attraction, dans lesquels on se faisait un honneur d'être admis, et chacun apportait sa note dans ce concert d'esprit et de grâce.

Il régnait alors, à cette époque, entre les deux sexes, un échange de sentiments et de pensées communes, un attrait auquel se mêlait une pointe de galanterie. On cherchait réciproquement à se plaire, en faisant assaut d'esprit et d'amabilité. Les femmes s'efforçaient de se mettre au niveau de leurs interlocuteurs, pour donner la réplique à ces causeurs de premier ordre. On ne craignait pas alors d'aborder, dans ces conversations étudiées, les problèmes les plus ardus de la philosophie, les sujets les plus délicats de l'histoire et de la littérature.

Ces salons-là n'existent plus depuis longtemps ; ils s'en sont allés avec la société élégante et désœuvrée qui y tenait ses assises. Notre siècle laborieux et affairé a d'autres ocupations et d'autres vices. Les hommes ne se soucient guère d'interrompre une journée de labeur productif, pour aller agiter, dans les salons, des questions dont l'utilité leur échappe ; ils les ont désertés pour les cercles, où la conversation est très débraillée, où ils fument, jouent et ne se gênent pas. Les femmes, réduites à leur propre société, ne font pas de frais les unes pour les autres, et, bien qu'elles soient en moyenne beaucoup plus instruites que celles du xviie et du xviiie siècle, elles préfèrent causer entre elles des choses qui les intéressent et qui sont à la portée de tout le monde. La toilette, les petits incidents de leur monde, les faits divers des journaux, les commérages font les frais de ces conversations dont personne ne cherche à relever le ton. Il serait malséant d'y soulever une des questions qui passionnaient les grandes dames dont nous parlions tout à l'heure. La personne qui commettrait cette maladresse, ne trouverait aucun écho et se ferait qualifier de *bas bleu*.

Est-ce paresse de l'esprit, courtoisie envers les déshéritées de l'intelligence, ou modestie exagérée ? je ne sais, mais ce qui est certain, c'est qu'il serait difficile de trouver quelque chose de plus banal, de plus vide, de plus nu, que les conversations qui se tiennent dans la plupart des réceptions mondaines. C'est un échange de phrases toutes faites, qu'on débite sans le moindre embarras, qui se renouvellent à chaque personne qui entre et qui continuent ainsi pendant des heures. C'est l'art de parler pour ne rien dire qui s'est substitué à la causerie, et les jeunes filles n'ont pas besoin de se mettre en frais d'intelligence, ni de savoir, pour y faire leur partie comme les autres. Elles n'ont rien à y apprendre ; mais, en revanche, elles ont bien des choses à y éviter.

Ce n'est pas, comme au temps de Fénelon, le *bel esprit* qui est à craindre, c'est le contraire, c'est le mauvais ton qui tend à se répandre aujourd'hui. L'exemple en est venu d'un certain monde très complexe, très composite, qui se montre partout et accapare l'attention. Dans cette société interlope, les femmes se teignent les cheveux en rouge ou en jaune, comme les demoiselles du demi-monde, se maquillent comme elles, imitent leurs toilettes excentriques, fument la cigarette et ne reculent pas devant un verre de champagne.

Leurs façons et leur conversation sont à l'avenant; elles sentent le *turf* et le *casino*. Elles ne parlent, entre elles et avec les hommes de leur monde, que toilette, modes, chevaux, courses, théâtres, concerts et scandales à la mode. Les jeunes filles s'habillent, se teignent et causent comme leurs mères. Le cheval favori, l'acteur à la mode, l'étoile de café-concert, les petites intrigues de leurs bonnes amies, défraient les conversations qu'elles ont entre elles et qui sont parfois d'un débraillé dont on ne se fait pas une idée.

Ce mauvais exemple est dangereux, parce qu'il est séduisant. Au demeurant, ces jeunes filles mènent joyeuse vie; les hommes les trouvent charmantes et préfèrent leur société à celle des filles bien élevées. La liberté de tout dire rend la conversation piquante, même pour les femmes d'intelligence médiocre, et leur jargon n'est pas pour déplaire aux jeunes gens. Il se rapproche du leur; il leur rappelle le *club* et les coulisses des petits théâtres. Tout cela a beaucoup plus d'attrait que la société un peu austère du monde où l'on ne s'amuse pas. Les filles les mieux élevées ne sont pas sans jeter parfois un petit coup d'œil d'envie sur cette société où l'on n'a d'autre souci que de se divertir. C'est aux mères à leur montrer ce qu'il y a de vide, de faux, de déce-

vant et de malhonnête, dans une existence semblable, à leur faire voir où cela mène et quelle
est la destinée finale des jeunes filles qu'on élève
ainsi.

La société sur laquelle je viens de jeter un coup
d'œil, vit dans les lieux publics, fait beaucoup
parler d'elle et semble par là très nombreuse,
mais c'est un trompe-l'œil : en réalité, ce n'est
qu'une minorité bruyante, composée d'éléments
nomades et vivant en dehors du monde proprement dit. On ne la trouve que dans les très
grandes villes. En province, elle n'est connue que
par de rares spécimens qui s'y trouvent pour un
moment égarés et qui se font un plaisir de l'éton-
nement et de l'espèce de scandale que leurs toilettes et leurs façons y causent.

Dans les petites villes, la conversation n'est
jamais trop libre; mais elle n'est ni plus élevée,
ni plus instructive, ni plus amusante, hélas! Les
commérages et la médisance en font à peu près
tous les frais. « Je vois, depuis trois ans, le monde
de la province, écrivait une jeune femme à Mgr Dupanloup : celui-ci sans doute ne diffère pas beaucoup des autres; eh bien, il m'arrive quelquefois,
au bout de la journée, de calculer que, bon gré
mal gré, six ou sept heures se sont passées pour
nous à des conversations sur le prochain, les-

quelles, tout en compromettant la charité, épuisent l'esprit et rétrécissent tout ce qu'on a d'horizon [1]. »

Cela n'a rien qui doive surprendre. Dans les petites villes, on vit les uns sur les autres, on se rencontre à chaque instant et on n'a rien à se dire. Il faut bien parler pourtant. C'est un besoin moral et physique et on s'entretient de ce qui vous occupe, des petits incidents de cette existence terre à terre et de ce qui se passe chez le voisin qui ne peut avoir de secrets pour personne, attendu que les domestiques se racontent tout entre elles, et que leurs maîtresses ont souvent le mauvais goût de les interroger.

Une mère intelligente doit montrer à sa fille tout ce que de pareils entretiens ont de rapetissant pour l'esprit et même de coupable. Elle doit s'attacher à réagir contre cette insuffisance et cette nullité. Dans les longues conversations qu'elles ont ensemble, elle peut varier les sujets en les rendant tout à la fois intéressants et substantiels, leur donner un charme qui compense l'ennui des réunions extérieures et en fasse apprécier la différence. Il faut enfin qu'elle déploie, pour sa fille, cette coquetterie intellectuelle à l'aide de

---

1. *Lettres sur l'éducation des filles,* par Mgr Dupanloup, *loc. cit.,* p. 237.

laquelle les grandes dames du xviiie siècle char-
maient leurs adorateurs.

Les mères ont d'autant plus besoin, dans de semblables milieux, de rendre leur société agréable à
leurs filles, que les distractions y sont absolument
nulles. La vie y est d'une tristesse, d'une monotonie dont ne souffrent pas les gens qui y ont toujours vécu, mais qui paraît insupportable aux personnes accoutumées au mouvement intellectuel
et à l'activité physique des grands centres. Là, les
divertissements et les distractions instructives
abondent. La fréquentation des musées, des expositions, des galeries de tableaux sont un aliment
presque inépuisable pour l'esprit, et l'activité qui
règne sur la voie publique, sur les promenades,
dans les magasins et dans les ateliers, donne
satisfaction à ce besoin de mouvement et d'impressions qui existe à tout âge, mais surtout
dans la jeunesse.

Les distractions que les grandes villes offrent
aux jeunes filles ne sont pas toutes aussi inoffen-
sives que la visite des musées et le spectacle de la
rue. Parmi celles qui leur sont permises, il en
est au sujet desquelles la morale et l'hygiène ont
le droit de dire leur mot. Je veux parler des soirées, des bals et des spectacles. Il est évident
qu'il vaudrait mieux qu'elles ne les fréquentassent

pas. Saint François de Sales a dit : « Les bals ressemblent aux champignons, dont le meilleur ne vaut pas grand'chose », et je suis de son avis.

Après avoir pris tant de soin pour écarter des jeunes filles, tout ce qui pourrait altérer leur santé et leur fraîcheur, exciter leur imagination et troubler le calme de leur âme, il est complètement illogique de les conduire dans des réunions où rien de tout cela n'est respecté, de les faire vivre, sept ou huit heures, dans une atmosphère brûlante, viciée, pleine d'humidité et de parfums, de leur permettre de s'y livrer à un exercice démesuré, pour les ramener ensuite au logis, frissonnantes et baignées de sueur, dans une voiture froide, à travers les brumes du matin.

Je ne parle pas des longs préparatifs qui précèdent la fête, des émotions que cause la toilette, de celles que produit l'affolement de la danse, des sentiments qu'éveille la vue des diamants, des parures et des épaules nues, parce que tout cela a été dit en vers splendides et avec un incomparable talent, par notre grand poète national. Toutes les jeunes filles ne subissent pas heureusement le triste sort de sa jeune Espagnole ; mais celles qui, pendant tout un hiver, vont au bal, une ou deux fois par semaine et presque tous les jours pendant les derniers temps du carnaval, qui dansent tout le temps et ne partent qu'après la dernière figure du cotillon, celles-là y laissent leur fraîcheur, un peu de leur santé et quelque chose aussi de cette pureté virginale qui faisait leur plus grand charme. Après quelques-uns de ces hivers, qui sont pour elles ce que les campagnes de guerre sont pour les soldats, ces danseuses à quatre ou cinq chevrons sont fanées au moral comme au physique.

Je ne crois pas avoir chargé le tableau; je me suis efforcé au moins de ne pas le faire. Ce que j'ai dit ne s'applique qu'aux jeunes filles qui se livrent sans modération aux plaisirs du monde, et ne concerne pas celles qu'une mère prudente n'y mène que de loin en loin et en choisissant bien son milieu.

J'ai déjà parlé plus d'une fois des concessions qu'il est indispensable de faire à son temps et à son monde. Nous vivons en société et nous ne pouvons pas nous soustraire à ses coutumes, alors même que nous ne les approuvons pas. Les femmes ont, à cet égard, moins d'indépendance encore que les hommes. Elles sont plus que nous forcées de faire comme les autres, sous peine d'attirer sur elles les foudres de la médisance et les sévices du commérage. Une mère, quelque sage qu'elle soit, ne peut pas priver complètement sa fille du plaisir qu'elle convoite le plus ardemment, alors que toutes ses amies s'y livrent autour d'elle et qu'il est convenu que ce genre de divertissements est la consécration de leur entrée dans la vie. Elle s'exposerait à se voir taxer d'injustice, d'austérité exagérée, de pruderie ridicule par ses parentes, par ses amies et par sa fille elle-même, dans le cœur de laquelle tout cela trouverait un écho. Il faut donc qu'elle s'y résigne, mais qu'elle apporte la plus grande réserve dans ce compromis et qu'elle fasse à l'opinion le moins de concessions possible.

Elle doit d'abord retarder plus qu'on ne le fait d'habitude l'instant de cette initiation. Il y a des mères tellement pressées de produire leurs filles dans le monde, qu'elles préludent à leurs débuts par des bals d'enfants qui en sont la caricature. Même assaut de toilettes, même richesse de rafraîchissements, mêmes danses. Ce sont de grands bals en petit et les fillettes y font de petites mines, s'y essaient à la coquetterie, y nouent de petites intrigues dont les parents plaisantent, qu'ils encouragent même, mais qui, tout enfantines qu'elles paraissent, durent parfois des années et sont la cause d'un précoce et pernicieux développement des passions. Ce n'est pas moi qui dis tout cela, c'est Mgr Dupanloup. « Il y a, dit-il ensuite, dans ces réunions d'enfants telle impression reçue qui ne s'effacera plus. J'en ai fait plusieurs fois dans ma vie la triste expérience. Vraiment, on dirait quelquefois que les parents n'ont aucune lumière, tant ils sont aveugles sur les périls qu'ils semblent se plaire à créer eux-mêmes pour leurs enfants [1]! »

L'âge fixé par les coutumes pour faire son entrée dans le monde est la dix-huitième année. Jusque-là, les mères prudentes se contentent des petites soirées en famille ou dans un petit cercle d'amis. Ces réunions, sans prétention et sans apprêt, pleines de gaieté et d'abandon, qui commencent de bonne heure et ne se prolongent pas trop, sont aux grands bals ce que la douce gaieté qui anime la fin d'un repas est à l'ivresse. Pas de fatigue exagérée, pas d'impression violente ou malsaine et pas de triste lendemain. Une mère doit prolonger le plus qu'elle peut cette période salutaire et, quand elle est forcée de faire franchir le Rubicon à sa fille, il faut encore qu'elle la retienne, et qu'elle ne la laisse pas s'y jeter jusqu'au cou.

A l'appui des raisons que j'ai données et qui

_____

1. *Lettres sur l'éducation des filles, loc. cit.*, p. 347.

suffisent, on peut en apporter une autre dont la valeur est moindre sans doute, mais qu'il ne faut pourtant pas méconnaître. Celle-là, c'est l'intérêt de l'enfant. Les jeunes filles qu'on rencontre dans tous les bals, qui sont toujours en danse et qui y restent jusqu'à ce qu'on éteigne les bougies, sont bientôt démonétisées. Elles sont comme les ajustements qu'on voit tous les jours aux vitrines des marchandes de mode et qui cessent de plaire, parce qu'on les voit trop souvent. Au bout de quelques années de cette exposition permanente, les jeunes filles passent pour beaucoup plus âgées qu'elles ne sont, et le paraissent en effet parce qu'elles sont prématurément fanées. Les mères qui prodiguent ainsi leurs filles, avec l'espoir de les marier, vont donc à l'encontre du but qu'elles se proposent ; mais j'ai quelque honte d'entrer dans d'aussi tristes considérations, le livre que j'écris ne s'adressant pas aux mères qui font de pareils calculs.

Le théâtre doit donner lieu aux mêmes réflexions. Je laisse de côté le point de vue de l'hygiène. Ce n'est pas qu'il soit à dédaigner. Ce n'est assurément pas une bonne chose pour la santé, que d'aller s'enfermer, en sortant de table, dans une salle encombrée, dont l'air n'est jamais renouvelé, où la température s'élève rapidement, où sévissent les courants d'air, et où la lumière vous aveugle; mais les dangers d'un pareil milieu sont autrement sérieux pour les personnes âgées que pour les jeunes filles, et d'ailleurs, dans les théâtres récemment construits, on remédie à l'impureté de l'air par une ventilation habilement ménagée et à l'excès de chaleur à l'aide de la lumière électrique; mais, comme le dit Fonssagrives, il est plus facile de purifier l'atmosphère du théâtre que d'y ramener la tradition du goût littéraire et des mœurs décentes.

Il est bien peu de pièces qu'on puisse montrer aux jeunes filles, sans froisser leur pudeur, ou sans les impressionner trop vivement. Pour nous rendre compte des émotions qu'elles y trouvent, il faut nous reporter à leur âge, nous souvenir du temps où nous sortions enfiévrés du spectacle, repassant pendant la nuit et les jours suivants, dans notre mémoire affolée, toutes les péripéties du drame qui s'était passé sous nos yeux. Il faut nous rappeler quelle prodigieuse tendance ont les jeunes esprits à se repaître de ces chimères, à se placer eux-mêmes dans ces situations outrées, dont on ne sort que par des actes d'une audace inouïe et d'une invraisemblance sur laquelle on ferme volontairement les yeux.

Les jeunes filles, moins exaltées que les garçons,

sont peut-être un peu moins disposées à prendre au sérieux les événements qui se passent sur la scène ; cependant les mères doivent craindre d'altérer la pureté de leur goût, de leur donner, au lieu du sentiment de la vie pratique, l'appétit des aventures romanesques, ce que Fonssagrives appelle l'*ivrognerie du faux et du terrible*. En somme, le théâtre de drame est encore plus dangereux que les lectures du même genre, parce qu'il est plus impressionnant.

Je ne parle pas des théâtres où l'on joue la comédie, le vaudeville, l'opérette, parce qu'il est très peu de pièces dans lesquelles on ne soit pas exposé à entendre des mots risqués, des plaisanteries de mauvais goût soulignés par les applaudissements de la foule. Une mère soucieuse de la pudeur de sa fille ne doit pas l'exposer à de pareils froissements. Elle ne doit s'en rapporter qu'à elle du choix des pièces auxquelles elle peut lui permettre d'assister et ne s'y décider qu'après les avoir entendues ou en avoir fait la lecture.

Dans la pratique, on ne laisse guère entendre aux jeunes filles que des opéras. La musique couvre les paroles. L'invraisemblance fait passer sur ce que les situations ont de risqué et, en général, ce sont des pièces bien anodines. Il en est cependant qui font exception et dans lesquelles il y a des scènes tellement vives que tous les trésors d'harmonie que le compositeur y a versés ne suffisent pas pour faire passer sur l'inconvenance de la situation.

Fonssagrives, qui comprenait tout ce qu'on pourrait trouver de ressources dans le théâtre pour élever le moral des populations, leur former le goût et l'intelligence et qui regrettait l'emploi qu'on fait aujourd'hui de ce puissant moyen d'action, Fonssagrives a plaidé la cause du *théâtre de société*, en mettant dans le choix des pièces la prudence et le discernement désirables. Le plaisir, l'intelligence et la mémoire y trouvent, dit-il, également leur profit. Je suis de son avis; c'est assurément une distraction fort innocente, lorsqu'elle se renferme, comme les soirées de famille, dans le cercle d'une étroite intimité. Des proverbes, de petites pièces bien choisies ou convenablement expurgées, ne sont, à véritablement parler, que des charades perfectionnées et elles ont tous les avantages possibles; mais c'est encore un divertissement qui est sorti de sa voie et la *comédie de salon*, telle qu'elle se joue aujourd'hui dans le monde, fait concurrence aux théâtres d'*opérette* et de vaudeville. Ce spectacle est même d'un plus mauvais exemple pour les jeunes filles, parce qu'il leur montre des femmes de leur milieu, quelquefois de leur connaissance, dans des rôles et dans des tenues qui doivent étrangement leur laisser à penser. Que dire de la coutume qui tend à se répandre aujourd'hui et qui consiste à faire venir dans les soirées, des chanteuses de café-concert, pour y faire entendre leur répertoire et à faire sortir les jeunes filles, au moment où elles vont commencer!

IV. — **Les punitions et les récompenses.**

Les filles sont plus douces, plus craintives, plus sensibles aux reproches et aux éloges que les garçons, aussi sont-elles plus faciles à conduire. Il n'est pas nécessaire de déployer à leur égard des rigueurs comme celles qui sont monnaie courante dans les lycées. Avec elles, plus encore qu'avec les garçons, la douceur et la patience doivent passer avant la sévérité et la crainte. Il faut surtout les bien convaincre qu'on les aime et qu'en s'efforçant de corriger leurs défauts, c'est leur intérêt seul qu'on a en vue.

On obtient tout des jeunes filles qui ne se sont pas encore buttées contre l'autorité, en invoquant l'amitié qu'on leur porte et celle qu'on a le droit d'en attendre en retour. Cependant, il ne faut pas se mettre à leur niveau, ni les traiter sur un pied d'égalité, il faut toujours qu'elles sentent que c'est l'autorité qui s'humanise et qui demande quand elle pourrait exiger. Il faut pour cela une patience à toute épreuve et une égalité d'humeur que rien n'altère, ni la résistance qu'on rencontre, ni les impressions personnelles qu'on peut éprouver en dehors de l'enseignement.

Lorsqu'on se laisse aller à réprimander ou à punir dans un moment d'impatience, les enfants qui ont une perspicacité sans égale pour tout ce qui les intéresse et chez qui le sentiment de la justice est inné, se révoltent intérieurement contre la petite iniquité dont ils sont victimes, et la maîtresse perd à leurs yeux le prestige de l'infaillibilité. Ce qui soumet et conquiert l'esprit des enfants, c'est la pleine possession de soi-même, le parfait accord du langage et de la conduite, l'esprit d'exactitude, le mélange de fermeté et de bienveillance qui constituent un caractère bien équilibré. Cet idéal est difficile à réaliser sans doute et la perfection ne se trouve pas plus parmi les institutrices qu'ailleurs, mais leur effort constant doit consister à s'en rapprocher.

Il est plus facile assurément d'obtenir l'obéissance par la sévérité et par la crainte, mais on ne fait ainsi que sauver les apparences. L'enfant, terrifié de cette façon, courbe la tête, obéit et se résigne; mais il se blase bientôt sur les réprimandes comme sur les punitions, il faut sans cesse en augmenter la rigueur et on n'obtient rien de cette nature révoltée. « La crainte, a dit Fénelon, est comme les remèdes violents qu'on emploie dans les maladies extrêmes; ils purgent, mais ils altèrent le tempérament et usent les organes. Une âme menée par la crainte en est toujours plus faible [1]. » « Il faut, dit Mme de Maintenon, épuiser la raison et la douceur, avant d'en venir à la rigueur. » On ne doit punir qu'après avoir averti, mais quand on a menacé une élève, il faut demeurer fidèle à sa parole et ne jamais rien promettre sans tenir, que ce soit récompense ou châtiment.

Comme les punitions sont l'*ultima ratio* de l'éducation, il ne faut y recourir que quand on ne peut pas faire autrement et ne pas chercher les occasions de sévir.

Une institutrice intelligente doit tout voir, mais ne pas toujours montrer qu'elle voit tout; il faut parfois savoir fermer les yeux et laisser passer certaines choses, comme un mot échappé, un

1. Fénelon, *De l'éducation des filles, loc. cit.*, p. 43.

rire hors de saison, une faute courte et passagère [1].

Les punitions, dans les pensionnats, doivent consister presque exclusivement en réprimandes, adressées, soit en public au moment où la faute se commet, soit dans le cabinet de la directrice, lorsque la chose en vaut la peine. Le fait seul d'être amenée dans ce lieu redoutable fait un grand effet sur une petite fille. Le ton d'autorité maternelle avec laquelle lui parle la personne imposante devant laquelle elle comparaît, laisse une impression profonde dans son esprit. Cette façon de faire suffit habituellement, mais il est des natures auxquelles il faut l'humiliation du reproche fait en public et devant leurs compagnes.

La soustraction de quelques bons points, la perte d'une place acquise par le travail ou la bonne conduite et dont on enlève l'insigne, à propos d'une faute commise, constituent un degré de plus dans l'échelle des peines morales, et, quand on désire aller plus loin, on communique les mauvaises notes aux parents, ou bien on en donne lecture devant les élèves réunies.

Le renvoi de la classe est encore une punition du même ordre, mais qui ne convient que pour

____

1. *Lettres sur l'éducation*, *loc. cit.*, p. 18.

les fautes demandant une répression immédiate,
comme une inconvenance commise ou une mauvaise réponse adressée à la maîtresse, pendant la
leçon.

La privation de sortie est chose plus grave,
parce qu'elle atteint l'enfant dans ses affections et
qu'elle punit en même temps les parents qui en
souffrent autant que leur fille.

Enfin, comme dernier mot de la discipline, il
reste l'expulsion. On doit en user largement dans
les pensionnats de jeunes filles, par cela même
qu'on les y traite avec plus de douceur et de
bonté et que c'est la seule façon d'en finir avec
les natures incorrigibles. Il ne faut toutefois y
recourir qu'après avoir épuisé tous les moyens
d'action dont on dispose. Il y a bien peu de petites
filles qu'on ne puisse pas dompter avec de la fermeté, de la douceur et de la patience, et il ne faut
pas se décourager de trop bonne heure. Les natures les plus rétives sont souvent les plus riches, et
les élèves qu'on a eu le plus de peine à soumettre
sont souvent celles qui donnent les meilleurs résultats.

Il est pourtant des cas où l'on doit d'emblée
recourir à l'expulsion. Certaines fautes ont un
caractère trop grave pour qu'on puisse, sans
compromettre la discipline et l'avenir de l'école,

y garder l'élève qui les a commises. Il est des natures vicieuses dont il faut débarrasser immédiatement une institution, dans la crainte que la contagion n'atteigne les autres. On doit le faire sans bruit, sans éclat, pour ne pas éveiller la curiosité des autres élèves, et ne faire connaître qu'aux parents les motifs qui ont entraîné l'expulsion. Toutes les fois que la société d'une petite fille peut devenir un danger pour ses compagnes, c'est un devoir des plus impérieux de les en débarrasser.

Je n'ai pas parlé des punitions de l'ordre physique, parce qu'elles ne sauraient trouver leur place dans des pensionnats de jeunes filles. Les châtiments corporels sont bannis de tous les lycées depuis plus d'un siècle, et des pensionnats de filles depuis plus longtemps encore. Cependant, les demoiselles de Saint-Cyr recevaient encore le fouet de temps en temps. Mme de Maintenon recommandait d'en user rarement; mais, quand on le donnait, de le faire craindre pour toujours, afin qu'on ne recommençât pas, ce qui doit être onéreux [1].

Le séquestre, les arrêts, les pensums vont prochainement disparaître des lycées, car tout le monde leur est opposé au Ministère de l'instruction publique; il ne peut donc plus en être ques-

______

[1]. *Lettres sur l'éducation des filles*, loc. cit., p. 67.

tion dans les pensionnats de demoiselles : on se
borne à mettre les toutes petites filles en péni-
tence, à les faire mettre à genoux, avec un
écriteau sur lequel leur faute est inscrite en gros
caractères; le bonnet d'âne trône encore dans les
petites écoles; mais ce ne sont véritablement
pas là des châtiments de l'ordre physique, car
ils ne causent aucune gêne, aucune souffrance
et se bornent à humilier l'enfant, ou à lui infliger
un ennui. Il n'en est jamais question pour les
grandes élèves.

Les récompenses sont le contrepoids des punitions et le second ordre de moyens dont on dispose, dans les pensionnats, pour y maintenir
l'ordre et la discipline. Les éloges décernés par
la directrice, devant les élèves assemblées, les
bons points dont un certain nombre peut faire
obtenir une sortie de faveur et qu'on peut perdre
par une faute, l'inscription au tableau d'honneur,
des insignes spéciaux pour la bonne conduite et
des prix pour les élèves qui se sont distinguées
par leur docilité; tout cela constitue des moyens
d'action tout-puissants sur l'esprit des jeunes
filles qui ne sont pas, comme les garçons, dans
un état d'hostilité permanente contre leurs maîtres
et qu'il est plus facile de prendre par la douceur
et par les bons procédés.

CHAPITRE IV

ÉDUCATION INTELLECTUELLE

L'éducation, ai-je dit dans le premier chapitre, est la préparation à la vie. Elle a pour but de mettre les jeunes filles à même de s'acquitter des fonctions qu'elles seront appelées à remplir dans le cours de leur existence; elle doit par conséquent varier avec les situations sociales. Il y a toutefois, pour les deux sexes, un minimum d'instruction que tout le monde doit posséder, dans un pays libre et civilisé, et auquel viennent se superposer des connaissances qui diffèrent suivant la position sociale. C'est l'éducation littéraire scientifique et artistique, pour les classes aisées où les femmes n'ont pas besoin de travailler pour vivre; c'est l'enseignement professionnel, pour les classes laborieuses où les femmes sont obligées

de gagner leur vie. De là trois ordres d'enseignement, correspondant à ce triple but et que nous
allons passer successivement en revue.

I. — Enseignement primaire.

L'enseignement primaire a pour but de donner,
à tous les enfants, le minimum d'instruction qui
leur est nécessaire. La loi du 28 mars 1882 l'a
rendu obligatoire, pour les deux sexes, de six ans
à treize et, pour le répandre, on a créé 30 000
écoles, qui ont coûté plus d'un demi-milliard.]

Les écoles où on reçoit l'instruction élémentaire s'élevaient, en 1889, à 81 671, dont 27 817
pour les garçons, 34 192 pour les filles et 19 662
mixtes. Sur les 5 623 401 enfants qui les fréquentaient, 2 790 183 appartenaient au sexe
féminin [1].

Les écoles dans lesquelles les petites filles reçoivent l'instruction officielle et gratuite sont :

1° Les écoles *maternelles* et les écoles *enfantines,*
où elles sont admises jusqu'à six ans, concurremment avec les petits garçons;

2° Les écoles *primaires* élémentaires, où elles
sont seules et qui les reçoivent de six à treize ans.

---

1. Résumé des états de situation de l'enseignement primaire,
pour l'année scolaire 1888-1889, Imprimerie nationale, 1890.

Les études y sont divisées en trois cours : *élémentaire, moyen, supérieur*;

3° Les établissements d'enseignement primaire supérieur, qui prennent le nom de *cours complémentaires*, lorsqu'ils sont annexés à une école primaire élémentaire et placés sous la même direction, celui d'*écoles primaires supérieures*, lorsqu'ils sont installés dans un local distinct et sous une direction différente. La durée des études est de trois ans dans les deux cas.

L'enseignement primaire comprend en outre les *écoles normales* destinées à former des institutrices pour les écoles publiques[1]; enfin cet édifice scolaire a pour couronnement une école normale supérieure, où les personnes qui se destinent à l'enseignement des écoles précédentes reçoivent le complément d'instruction qui leur est nécessaire pour cela.

Cette organisation est, on le voit, suffisamment complète. L'État n'y a rien épargné, ni les efforts, ni les sacrifices pécuniaires. Il aurait pu les faire d'une manière plus intelligente et plus équitable. On a voulu aller trop vite et faire trop beau; on

---

1. La loi du 9 août 1879 a rendu obligatoire, pour tout département, la création d'une école normale d'instituteurs et d'une école normale d'institutrices, suffisantes pour le recrutement des instituteurs communaux et des institutrices communales.

a bâti des palais scolaires, quand il suffisait
d'avoir des classes vastes, bien aérées et bien
éclairées. On a ainsi imposé à l'État une charge
écrasante et obéré le budget de bien des communes.

Le personnel enseignant a été recruté avec
trop de précipitation, de partialité et en se fiant
trop à la garantie des grades. L'expulsion des
religieuses, la laïcisation obligatoire des écoles,
est un acte attentatoire à la liberté des familles
et que rien ne peut justifier; mais, malgré la gravité de ces fautes, le résultat obtenu est satisfaisant.
Il s'est traduit par une élévation notable du degré
d'instruction dans les classes pauvres et notamment dans les campagnes, où le chiffre des illettrés
s'est abaissé de plus de moitié [1].

Une organisation improvisée comme celle-là
n'a pas pu réaliser du premier coup tout ce
qu'on était en droit d'en attendre. Il y avait
encore, en 1885, 275 612 enfants d'âge scolaire
n'appartenant à aucune école et par conséquent
privés d'instruction, car la proportion des enfants
de cette catégorie, élevés dans leur famille ou

---

1. De 1827 à 1829, le nombre des conscrits sachant lire était
de 44,8 pour 100; en 1884, de 83,3; en 1889, de 90. En 1854-1855,
sur 100 femmes 52,6 avaient signé leur contrat de mariage; en
1882, le nombre s'en élevait déjà à 77,4 pour 100; en 1886, sur
100 hommes, 88,4 ont pu signer et sur 100 femmes 81,3.

dans les établissements d'enseignement secondaire, est trop faible pour modifier sensiblement ce chiffre. D'après les calculs de M. Jules Simon il y avait encore en France, en 1886, 3 308 communes où les filles n'avaient pas d'écoles à elles et n'étaient pas admises dans les écoles de garçons [1].

Il y a également l'inconvénient des écoles mixtes qui ne sont, à proprement parler, que des écoles de garçons, dans lesquelles on laisse entrer les filles et où l'enseignement qu'on leur donne est insuffisant. Il est également incomplet dans les communes pauvres, éloignées des centres, et souvent les enfants en sortent sachant à peine lire et écrire. Cependant cette situation s'améliore, depuis qu'on a un peu relevé le traitement des institutrices, ce qui permet de les mieux choisir. Elles sont pourtant encore trop mal rétribuées et les adjointes sont à peine au-dessus du besoin; mais ce n'est pas là ce qui nous importe le plus. Le grand vice de l'enseignement primaire qu'on donne aux filles, c'est la façon dont les programmes ont été rédigés.

Ils sont trop chargés et nous retrouverons cette faute capitale dans ceux de l'enseignement secon-

---

1. Jules Simon, *l'École*, onzième édition, Paris, 1886, p. 129.

daire comme dans ceux des écoles normales.
« J'aurais beau jeu, dit M. Jules Simon, à discuter
les programmes des lycées de filles. Veut-on les
faire entrer à l'École polytechnique? Le bel ouvrage à se proposer que d'en faire des femmes
savantes! Il nous faut des femmes aimables et
des femmes utiles. M. Legouvé, M. Manuel,
M. Gréard, M. Camille Sée, donnent sur tout
cela d'excellents conseils. Espérons qu'on les
écoutera. Pour revenir aux petites écoles dont il
s'agit dans ce livre, c'est là surtout que le superflu
est non seulement déplacé, mais nuisible. Il était
déjà bien difficile d'enseigner le nécessaire à ce petit
peuple et particulièrement à ceux de ces enfants
qui ne trouvent pas d'aide dans leur famille. Un
jour, par exemple, on s'est dit : il serait bon que
tout le monde sût modeler, bientôt on a mis le
modelage dans le programme, non pas, notez-le
bien, dans le programme ministériel qui peut être
changé : le modelage est dans la loi. A cause de ce
modelage ainsi exigé, beaucoup de filles ne sauront pas coudre. En revanche, aucune ne saura
modeler. On peut, on doit fonder des écoles du
degré supérieur; mais la règle des petites écoles
devrait être celle-ci : Savoir très peu, le bien
savoir. »

« C'est une très bonne pensée que d'élever le

niveau de l'instruction dans notre pays ; mais il ne faut pas se dissimuler qu'à force de chercher le superflu, on pourrait bien manquer du nécessaire. Nous avons de grands programmes et de petits résultats, et les résultats sont petits parce que les programmes sont trop grands [1]. » Voici ce qu'ils comprennent, dans les écoles primaires élémentaires de filles : 1° l'enseignement moral et civique ; 2° la lecture et l'écriture ; 3° la langue française ; 4° le calcul et le système métrique ; 5° l'histoire et la géographie, spécialement celles de la France ; 6° les leçons de choses et les premières notions scientifique ; 7° les éléments du dessin, du chant et du travail manuel.

C'est de cette façon que l'État comprend un enseignement élémentaire qu'il faut, au titre de la loi, imposer à tous les enfants et le décret qui en a fixé les bases peut être considéré comme la dernière expression du progrès, à la façon dont on l'entend dans les hautes sphères de l'enseignement.

Si la manière dont on a compris les programmes est fâcheuse, la façon dont on les applique est plus regrettable encore. On fait apprendre, par cœur, à des petites filles qui ne savent pas lire, la

1. Jules Simon, *l'École*, onzième édition, 1886, Avertissement, p. 14.

définition des trois corps ronds, les caractères des classes et des familles en histoire naturelle. S'agit-il de travaux à l'aiguille, on leur enseigne la coupe et l'assemblage, avec le tracé des patrons qu'on dessine sur le tableau noir et qu'elles copient sur leur ardoise. Il est bien entendu qu'elles n'en retiennent rien; mais il arrive, comme pour le modelage, qu'elles sortent de l'école sans savoir coudre un bouton, sans pouvoir faire une reprise, ni ourler un mouchoir.

C'est ainsi à tous les degrés de l'enseignement, pour les deux sexes. On veut tout faire entrer à la fois dans ces têtes d'enfants et il n'en reste rien que des mots vite oubliés, de la confusion dans les esprits et le dégoût du travail. Pour administrer cette instruction encyclopédique aux petites filles des écoles primaires, il a fallu maintenir à trente heures par semaine la durée des classes, malgré l'avis des commissions d'hygiène; il faut y joindre des devoirs à faire à la maison, de telle sorte qu'après avoir passé six ou sept heures en classe, les pauvres enfants, en rentrant à la maison, sont obligées de se remettre au travail, dans un logement encombré et malsain, au milieu du bruit des autres enfants et sans pouvoir aider la mère dans les soins du ménage.

Les élèves avaient autrefois, pour se reposer et

se distraire, les journées du jeudi et du dimanche ; mais la circulaire du 27 janvier 1887 y a mis bon ordre. Le jeudi, les cours d'application ont lieu de huit heures et demie du matin à deux heures de l'après-midi, pendant tout l'hiver, dans les écoles qui possèdent ce cours supplémentaire. Enfin, aujourd'hui, grâce aux règlements et au zèle des institutrices, les petites filles des écoles primaires sont retenues à l'école et assujetties au travail, aussi longtemps que les jeunes gens des lycées, et cet excès de sédentarité et d'application leur est plus nuisible qu'aux garçons, parce qu'elles sont plus nerveuses et qu'elles n'ont pas la même somme de résistance.

Les parents, il faut bien le dire, sont complices de ce surmenage. Les mères trouvent qu'on ne fait jamais assez travailler leurs filles et qu'on ne leur donne pas assez de devoirs à faire à domicile. Souvent les élèves se livrent d'elles-mêmes à cet entraînement malsain. Lorsqu'elles visent au brevet d'institutrice, elles apportent au travail une ardeur et une persévérance que les parents n'ont pas besoin d'exciter. En parlant des carrières auxquelles les femmes peuvent aspirer, j'ai dit combien celle-là était encombrée, quelle difficulté les jeunes filles éprouvent à s'y faire une place. Plus le nombre de celles qui y aspirent est grand, plus les examens deviennent difficiles, et plus la somme de travail s'accroît. Les jeunes filles qui veulent entrer dans les écoles normales, se surmènent autant que les candidats aux écoles spéciales et passent par les mêmes émotions, par les mêmes angoisses. Lorsqu'elles y arrivent, au prix d'efforts inouïs, elles ont épuisé pour longtemps leurs forces et leur santé. Elles sont amaigries, anémiées et d'une susceptibilité nerveuse qui exige les plus grands ménagements. Le docteur Dujardin-Beaumetz, médecin de l'École, a, de plus, constaté sur la plupart de celles qui y entrent, l'incurvation de la colonne vertébrale que j'ai décrite en parlant des maladies scolaires.

Celles qui réussissent à forcer la porte de l'école, mènent alors une existence plus douce. Elles n'ont plus la préoccupation constante du concours et la crainte de l'insuccès; elles sont arrivées et sûres d'obtenir à leur sortie, après trois ans d'études, une place d'institutrice dans les écoles primaires du département. Le régime des écoles normales est très paternel. Elles sont internées et on les défraye de tout; on leur accorde huit heures de sommeil et cinq pour les repas, la toilette, la gymnastique et les récréations. Elles n'ont que dix heures de travail par jour et cela leur suffit pour conquérir le brevet élémentaire à la fin de la première année, celui des écoles maternelles à la fin de la seconde et, à l'expiration des trois années, le brevet supérieur et celui de coupe et d'assemblage.

Dans l'École normale de la Seine, elles ont la jouissance d'un jardin, dans lequel elles peuvent se divertir et même, pendant les beaux jours de l'été, il leur est permis d'y faire leurs devoirs. Le gymnase et les salles de récréation sont à côté. Les dortoirs sont grands t bien aérés; la nourriture est bonne. Avec ce régime, elles se remettent peu à peu des excès de travail qu'elles ont commis pour y arriver. Leur santé s'améliore, à mesure que leur séjour s'y prolonge et, sauf un peu de pâleur, elles m'ont paru bien portantes.

L'enseignement qui leur est donné, conformément au décret organique du 18 janvier 1887, embrasse une telle étendue de connaissances, les programmes sont tellement touffus que, pour les posséder à fond, il faudrait une existence tout entière. Je ne puis songer à les reproduire ici; je me borne à renvoyer au chapitre v, section IV du décret précité, où ils se trouvent exposés *in extenso* [1].

1. Voir *Mémoires et Documents scolaires*, publiés par le Musée pédagogique, fascicule n° 20, p. 98 et 408; fascicule n° 81, p. 3 et suiv.

Le temps d'études est également de trois années à l'École normale supérieure. Elle peut recevoir des internes et des externes. Le nombre en est fixé chaque année, par le Ministre de l'instruction publique. L'enseignement comprend l'étude approfondie des matières enseignées dans les écoles normales primaires. D'autres matières peuvent y être enseignées avec l'autorisation du ministre. La troisième année est plus particulièrement consacrée à la préparation personnelle des élèves.

Tout cet édifice scolaire est, comme on le voit, très ingénieusement conçu; mais il pèche, depuis la base jusqu'au sommet, par l'exagération des programmes. Il semblerait qu'on n'a d'autre but que de former des institutrices. Lorsqu'il s'agit d'instruire deux millions de petites filles, on ne doit pas avoir en vue les organisations d'élite; il faut se préoccuper du plus grand nombre et prendre, pour base de ses exigences, la moyenne intellectuelle de ces enfants. On doit, comme le dit M. Jules Simon, leur enseigner peu de choses, mais les leur bien faire apprendre.

Pour l'immense majorité de ces enfants, il suffirait de leur montrer à lire, à écrire, à parler correctement leur langue, sans y mettre trop de rigueur; de leur enseigner les quatre règles de l'arithmétique et de leur faire apprendre par cœur un manuel très court, comprenant, sous forme d'aphorismes, les connaissances usuelles les plus indispensables. Ce serait déjà beaucoup que d'enseigner tout cela à la masse des élèves. Quant aux jeunes filles désireuses de pousser plus loin leur instruction, ou de se livrer à l'enseignement, elles iraient se perfectionner dans les écoles primaires supérieures, ou dans les cours complémentaires annexés aux écoles primaires élémentaires.

Ces établissements ne sont pas, il est vrai, aussi répandus que les autres; cependant, il y en a dans les grandes villes et ils ne font pas défaut à Paris. On y trouve 47 cours complémentaires organisés dans les écoles de garçons et de filles, et une école primaire supérieure, qui a été ouverte, le 17 mars 1882, rue de Jouy, sous le nom d'école Sophie-Germain. Elle a été fréquentée, depuis sa fondation, par 1 200 élèves. On est en train d'en élever une autre rue des Martyrs. Elle sera inaugurée dans le courant de l'année prochaine et pourra recevoir 450 élèves. A la fin de 1892, la ville de Paris pourra donc offrir, aux jeunes filles en mesure d'en profiter, deux écoles primaires supérieures, renfermant de 800 à 850 places, chiffre qui paraît suffisant pour le moment actuel.

L'instruction primaire supérieure comprend, outre la revision approfondie des matières étudiées à l'école primaire élémentaire : 1° l'arithmétique appliquée; 2° les éléments du calcul algébrique et de la géométrie; 3° les règles de la comptabilité usuelle et de la tenue des livres; 4° les notions de sciences physiques et naturelles applicables à l'agriculture, à l'industrie et à l'hygiène; 5° le dessin géométrique, le dessin d'ornement et le modelage; 6° les notions de droit usuel et d'économie politique; 7° les notions d'histoire de la littérature française; 8° les principales époques de l'histoire générale et spécialement des temps modernes; 9° la géographie industrielle et commerciale; 10° les langues vivantes; 11° les travaux à l'aiguille, la coupe et l'assemblage, qui remplacent le travail du bois et du fer imposé aux garçons. C'est la seule différence qui existe dans l'enseignement des deux sexes. Je ne vois véritablement pas ce qu'on pourrait enseigner de plus.

Les écoles libres ont été forcées d'adopter les programmes de l'Université, pour permettre à leurs élèves de subir leurs examens et d'obtenir le certificat d'études. Elles ont dû les initier aux difficultés de la langue, aux étymologies, leur donner des notions de physiologie humaine, leur montrer le dessin et le lavis à l'encre de Chine et à la couleur [1].

La seule différence qui existe entre les programmes des écoles de l'État et ceux des écoles libres, consiste en ce qu'on a remplacé, dans ces dernières, l'*enseignement moral et civique* par l'instruction religieuse et qu'on y fait apprendre le catéchisme. Cette différence est capitale, car la plupart des parents désirent que leurs enfants reçoivent une éducation chrétienne, comme ils l'ont reçue eux-mêmes.

Lorsque après avoir exclu les membres du clergé de tous les conseils scolaires, on a interdit la récitation du catéchisme dans les écoles, presque toutes les mères ont demandé à grands cris qu'on revînt sur cette mesure ; mais on a tenu bon, dans la crainte de blesser les convictions d'un enfant incrédule qui aurait pu se trouver par hasard dans une des 50 000 écoles publiques. La découverte d'un catéchisme, dans le pupitre d'un enfant, devint une faute suffisante pour motiver des mesures disciplinaires. Après le catéchisme et le prêtre, on a chassé des écoles les emblèmes religieux ; enfin, il s'est trouvé des inspecteurs zélés

---

1. Voir les programmes d'enseignement des écoles primaires élémentaires (Annexe F du règlement organique, *Mémoires et Documents scolaires, loc. cit.*, p. 350 à 358).

qui ont exigé que le nom de Dieu ne fût plus prononcé dans les écoles.

Cette ère de combat ne remonte guère qu'à quinze ans. « C'est, dit M. Jules Simon, l'inauguration d'une nouvelle sorte d'intolérance, l'intolérance des libres penseurs, qui ne diffère de l'intolérance des catholiques que par un seul point : c'est que les catholiques sont en immense majorité et les libres penseurs en infime minorité. Les droits des communes sont violés comme ceux des familles, puisqu'il faut qu'elles subissent, contre leur volonté expresse et unanime, l'école laïque et même le professeur laïque que l'État leur aura choisi. On répond à cela que les habitants de ces communes peuvent envoyer leurs enfants, à leurs frais, dans l'école qui leur convient. C'est, dit-on, la liberté pleine et entière. Non. C'est la liberté comme en Irlande. Le catholique irlandais paie d'abord, en vertu de la loi, le clergé protestant. Après quoi, en vertu de sa volonté, il paie le clergé catholique. Il ne trouve pas que ce soit le meilleur régime du monde et, quand on vient lui dire que c'est un régime de liberté, il répond avec M. Gladstone qu'on se moque de lui et du sens commun [1]. »

---

1. Jules Simon, *l'École*, *loc. cit.*, Avertissement, p. 21.

Ainsi s'exprimait, il y a cinq ans, l'éminent écrivain que je viens de citer si longuement; il est revenu récemment sur ce sujet dans le journal *le Temps*, et il termine son article par une conclusion que je vais encore lui emprunter : « Les querelles religieuses n'ont jamais fait que du mal. Elles ont leur raison d'être aux époques de foi et de ferveur. Dans des temps d'indifférence et de scepticisme comme celui que nous traversons, elles ajoutent à leurs autres inconvénients celui d'être un peu ridicules [1]. »

Et pourtant, la lutte continue. On laïcise toujours, même dans les communes où le maire, le conseil municipal et la population se prononcent contre cette mesure, où les belles écoles de l'État sont presque vides et ne renferment que des enfants de fonctionnaires qui craignent d'être destitués, tandis que celles des sœurs sont obligées de refuser des élèves. A Paris même et dans les arrondissements où les libres penseurs ont une majorité énorme dans les élections pour le conseil municipal et pour la Chambre des députés, les écoles tenues par des religieuses sont insuffisantes. Les pères de famille votent avec les meneurs, pour les candidats qui font profession

1. Jules Simon, *Mon Petit Journal.* — Journal *le Temps*, 21 novembre 1890.

d'athéisme; mais les mères conduisent leurs filles aux bonnes sœurs et celles-ci les reçoivent quand elles ont de la place.

Malgré la pression du gouvernement, de ses fonctionnaires et des conseils municipaux, malgré la gratuité de l'enseignement, les écoles congréganistes ne perdent que peu de terrain. En 1889, elles renfermaient encore 567203 filles. Ce chiffre parait énorme, lorsqu'on songe aux sacrifices que le clergé et les catholiques sont obligés de faire pour lutter, avec leurs ressources personnelles, contre le gouvernement disposant des fonds de l'État et les conseils municipaux disposant de ceux des communes. Ils épuisent leurs ressources pour soutenir cette concurrence inégale; ils ne se lassent pas d'ouvrir des écoles libres, à côté de celles qu'on laïcise, et les gens raisonnables, qui ne veulent de tyrannie d'aucun genre et qui s'indignent de tout attentat à la liberté, ceux-là attendent que cette campagne insensée prenne fin et font des vœux pour que la réaction qui la suivra inévitablement ne dépasse pas à son tour les bornes.

II. — Enseignement secondaire.

C'est le complément du précédent et, comme je l'ai dit plus haut, il s'adresse surtout aux classes aisées. S'il peut suffire à une jeune ouvrière, pour être à la hauteur de son milieu et remplir son rôle dans sa famille, de posséder les connaissances sommaires que ses frères et son futur mari ont reçues, de leur côté, dans les écoles primaires, cela ne suffit plus à la jeune fille née dans un milieu social où le savoir est plus étendu, l'instruction plus perfectionnée et dans lequel elle se trouverait déplacée, si son éducation n'avait pas été complétée soit dans la famille, soit dans un pensionnat.

Le supplément de connaissances qu'il est utile de donner aux jeunes personnes dont nous parlons, doit être réglé avec mesure et en se conformant aux principes que j'ai posés en commençant. L'instruction encyclopédique, dont nous avons déjà signalé le danger dans les écoles primaires, sévit avec la même intensité dans l'enseignement secondaire officiel, et je vais en rechercher les causes.

1. *Lycées de filles*. — L'enseignement secondaire pour les filles n'a été organisé par l'État qu'à une

date très récente. Jusqu'en 1880, l'instruction complémentaire qui fait l'objet de ce paragraphe, n'avait été donnée que dans les établissements privés. En 1867, M. Duruy avait été chargé de le fonder; il avait conçu le projet d'une organisation complète dont il avait tracé les grandes lignes, dans sa circulaire du 30 octobre; mais il n'aboutit qu'à instituer des cours incomplets, sans lien entre eux, dépourvus de sanction, qui n'avaient réussi à se maintenir qu'à la Sorbonne et dans quatre ou cinq grandes villes de province.

Neuf ans après, M. Camille Sée reprit le projet de M. Duruy et soumit à la Chambre des députés, le 28 octobre 1878, le projet de loi qui a conservé son nom et duquel l'enseignement secondaire des filles est sorti. La loi du 21 décembre 1880 en a posé les principes; des décrets, des arrêtés, des circulaires en ont assuré le fonctionnement [1]. Un an après l'établissement des premiers lycées, on sentit la nécessité de créer une école normale de professeurs du sexe féminin, pour y donner

---

1. Pour tout ce qui concerne cette organisation, voir : Oct. Gréard, *Éducation et Instruction*, t. 1; *l'Enseignement secondaire des filles*, p. 91 à 233. — Antoine Villemot, *Étude sur l'organisation, le fonctionnement et les progrès de l'enseignement secondaire des jeunes filles en France, de 1879 à 1887*, Paris, 1887.

l'instruction. La loi du 26 juillet 1881 y pourvut. Un arrêté ministériel, en date du 14 octobre de la même année, en fixa les programmes; un second, daté du 31 janvier 1883, a déterminé les conditions du concours qu'il faut subir pour y entrer.

Aujourd'hui, l'enseignement secondaire des filles est en pleine activité. Dès 1887, il était suivi par 5 200 jeunes filles et 112 établissements de l'État lui étaient consacrés : l'École normale de Sèvres, 16 lycées, 19 collèges, et 76 cours secondaires. Aujourd'hui, on compte 25 lycées, 20 collèges, 172 cours, et la population scolaire totale est estimée à 10 000.

On vient de plus d'organiser à Paris, rue du Faubourg-Poissonnière, des cours réguliers, embrassant, dans leur ensemble, toutes les connaissances qui constituent l'enseignement secondaire, à l'exception des arts d'agrément; de la gymnastique et des travaux à l'aiguille, toutes choses dont on peut se passer, ou qu'on peut apprendre à la maison. L'enseignement dure cinq ans. Les cours ont lieu le matin.

Les lycées de filles sont administrés par l'État, comme ceux de garçons. En principe, ce sont des externats ; toutefois, la loi permet d'y recevoir des internes, lorsque les conseils municipaux en font la demande. Ils sont soumis alors au même régime que les collèges communaux [1].

Les jeunes filles ne sont admises dans les lycées et collèges, qu'après avoir subi un examen constatant qu'elles peuvent en suivre les cours. Elles y entrent à douze ans et en sortent à dix-sept. Elles subissent, à la sortie, un examen à la suite duquel il leur est délivré un diplôme.

Chaque établissement est placé sous les ordres d'une directrice. L'enseignement y est donné par des professeurs, hommes ou femmes, munis de diplômes réguliers. Lorsque la leçon est faite par un professeur homme, la classe est placée sous la surveillance d'une sous-maîtresse d'étude.

L'enseignement religieux est donné, sur la demande des parents, dans l'intérieur des établissements, en dehors des heures de classes, par des ministres des différentes cultes, agréés par le ministre et ne résidant pas dans l'établissement (article 5 de la loi du 28 décembre 1880).

L'enseignement comprend : 1° l'enseignement moral ; 2° la langue française, la lecture à haute voix et au moins une langue vivante; 3° les littératures anciennes et modernes; 4° la géographie et la cosmographie; 5° l'histoire nationale et un

---

1. Art. 2 de la loi du 21 décembre 1880.

aperçu de l'histoire générale; 6° l'arithmétique, les éléments de la géométrie, de la physique, de la chimie et de l'histoire naturelle ; 7° l'hygiène ; 8° l'économie domestique; 9° les travaux à l'aiguille; 10° des notions de droit usuel; 11° le dessin et le modelage; 12° la musique; 13° la gymnastique.

Tout ce qui précède est extrait textuellement de la loi du 21 décembre 1880 [1] et par conséquent n'est pas susceptible d'être modifié. Les programmes ont été tracés par l'arrêté ministériel du 28 juillet 1882 [2]. Ils sont remarquablement rédigés ; mais on se demande comment les hommes de premier mérite dont ils sont l'œuvre ont pu concevoir la pensée de faire entrer tout cela, dans des têtes de jeunes filles, dans un laps de cinq années. Une vie d'homme laborieux y suffirait à peine. On répond à cela, je le sais, qu'on ne leur en donnera qu'une teinture. D'abord la loi ne le dit pas. Il n'y a que pour les mathématiques, les sciences naturelles et le droit usuel, qu'elles se contentent de notions. Le reste doit être enseigné *in extenso* et les programmes sont là

---

1. Voir, pour le texte de cette loi, Octave Gréard, *Éducation et Instruction*, t. 1, p. 288.

2. *Enseignement secondaire des jeunes filles. Programmes.* Paris, Imprimerie nationale, 1882.

pour le prouver. J'accorde volontiers que, le bon sens suppléant à la loi, on se borne à donner aux élèves un aperçu sommaire de toutes ces choses, mais c'est justement là ce qui me semble dangereux.

Ce qu'il faut éviter par-dessus tout, c'est cette instruction de catalogue, qui ne laisse que des mots dans la mémoire et rien dans l'esprit. Il est dans l'essence même de la jeunesse de s'en faire accroire. Moins on sait et plus on est fier de son savoir. Les petites filles auxquelles on a appris le nom de toutes ces sciences et quelques mots sur chacune d'elles, s'imaginent les posséder à fond et regardent de très haut leurs amies et même leurs mères, qui se sont bornées à bien apprendre ce qu'il était nécessaire qu'elles sussent, sans jeter les yeux sur les constellations et sur les grands problèmes de l'hygiène et de l'économie politique.

Il est une autre raison qui condamne l'enseignement de ces notions succinctes : c'est que rien n'est difficile à retenir comme les abrégés; que rien n'est difficile à démontrer comme les éléments d'une science. Tous ceux qui ont professé connaissent l'effort qu'il faut faire pour extraire la quintessence des choses, afin de l'offrir à des élèves. Il n'y a que les gens qui possèdent à fond, dans leurs moindres détails, la science qu'il s'agit de résumer, qui soient capables de faire ce travail de réduction, d'une façon profitable pour ceux qui les écoutent.

Or, on ne peut pas exiger des institutrices qui sortent de l'école de Sèvres, qu'elles possèdent l'ensemble de connaissances que nous avons énumérées, comme les professeurs qui les enseignent à la Sorbonne ou au Collège de France. Il ne faut pas juger de l'ensemble des lycées de filles par celui de la rue des Beaux-Arts, dont le personnel, recruté avec le plus grand soin, est dirigé par une femme du premier mérite. Il faut songer aux lycées de province. Là les maîtresses font de leur mieux. Pour les sciences naturelles par exemple, elles récitent à leurs élèves ce qu'elles ont appris par cœur; celles-ci n'y comprennent pas grand'chose et n'en retiennent rien du tout. C'est du temps, de la fatigue et des efforts de mémoire absolument perdus, et ces bribes de savoir qu'on fait entrer pêle-mêle dans la tête de ces enfants en sortent comme elles y sont entrées.

Les lycées de filles se recrutent dans la classe moyenne de la société. Les élèves appartiennent presque toutes à des parents aisés qui les ont bien élevées. Pour bien marquer leur intention d'assurer un recrutement d'élite à cet enseignement, tous les ministres de l'instruction publique ont insisté sur l'inconvénient des exonérations de frais d'études et des remises de faveur qui, dans les lycées de garçons, donnent lieu à tant d'abus et de difficultés et privent les établissements d'une partie importante de leurs ressources [1]. Les filles des fonctionnaires et des professeurs des lycées de garçons sont seules admises à titre gratuit, sans examen et sans distinction de classe [2].

Les lycées de filles sont en général bien tenus et bien dirigés. J'ai visité celui de la rue Saint-André-des-Arts, le lycée Fénelon; il peut être considéré comme un modèle. Malgré les petites dimensions du local, les classes et les études sont suffisamment vastes; elles sont bien aérées, la lumière y pénètre à flots et le mobilier scolaire répond à toutes les exigences de l'hygiène.

Une cour qui s'étend du bâtiment central (ancien hôtel de Rohan) à la rue du Jardinet, est ombragée par de beaux arbres et entourée de préaux couverts, sous lesquels se passent les récréations lorsqu'il pleut et où se trouve le gymnase. L'établissement reçoit des externes libres,

1. Instructions du Ministre de l'intérieur au vice-recteur de l'Académie de Paris, en date du 20 octobre 1883.
2. Circulaire du Ministre aux recteurs, en date du 26 octobre 1886.

des externes surveillées et des demi-pension-
naires. Il renferme des classes primaires et des
classes d'enseignement secondaire. Les jeunes
filles s'y trouvent très bien. Plus heureuses que
les élèves des écoles primaires, elles n'ont que
huit heures de travail intellectuel par jour. Elles
sont l'objet de la plus grande sollicitude de la
part du personnel enseignant et surtout de la
directrice, aux facultés remarquables de laquelle
tout le monde rend justice et qui s'efforce d'atténuer les inconvénients des programmes qui lui
sont imposés.

Les établissements que je viens de passer
en revue sont les seuls que l'État reconnaisse
comme appartenant à l'enseignement secondaire.
Les autr   nt considérés comme faisant partie
d'une catégorie inférieure ; ils sont placés dans les
attributions de la direction de l'enseignement primaire. Cette façon de les traiter est motivée par ce
fait que les personnes qui dirigent les pensionnats
et les couvents ne sont pas munies, pour la plupart,
des titres et des diplômes exigés par la loi pour
conférer l'enseignement secondaire et dont les
directrices des lycées de filles sont pourvues[1]. C'est

1. Les directrices de lycées ou de collèges sont, en général,
agrégées des lettres ou des sciences, ou pourvues de la licence
ès sciences, ou du certificat d'aptitude à l'enseignement des

là du moins la raison qu'en donne l'administration. Je n'ai pas cru devoir adopter cette manière
de les classer. Si l'enseignement dans les établissements libres est moins homogène, moins étendu
que dans ceux de l'État, il s'en rapproche cependant beaucoup plus que de celui des écoles primaires. Les jeunes filles qui le suivent, appartiennent à la même classe de la société, ont le
même âge que celles des lycées; elles aspirent
comme elles aux brevets d'institutrices; enfin,
les pensionnats comme les couvents ont adopté
les programmes des lycées, et s'efforcent de
mettre leur enseignement au même niveau.

Pour toutes ces raisons, je crois devoir m'occuper dans ce chapitre des maisons d'éducation
de la Légion d'honneur, qui sont du ressort du
Ministère de la guerre; des institutions, des pensions et des couvents qui ne relèvent que de
l'initiative privée.

II. *Maisons d'éducation de la Légion d'honneur.*
— Elles remontent au commencement du siècle.
Après avoir fondé l'ordre de la Légion d'honneur,
Napoléon Ier, reprenant, à cent vingt ans de dis-
tance, la tradition fondée par Louis XIV, voulut

lettres, ou bachelières ès lettres ou ès sciences. Le nombre de
celles qui n'ont que le brevet supérieur de l'enseignement primaire diminue peu à peu.

donner aux filles, aux sœurs et aux nièces des membres de l'Ordre qu'il venait de créer, une éducation gratuite en rapport avec leur origine et, par un décret en date du 15 décembre 1805, il fonda les maisons d'éducation dont nous allons nous occuper. Il confia le soin de diriger son œuvre et d'en rédiger les statuts, à Mme Campan, dont le pensionnat fondé à Saint-Germain, une douzaine d'années auparavant, était alors en grand renom [1].

Elle fut nommée surintendante de la maison d'Écouen, la première en date, par décret du 10 juillet 1806. Trois ans après, Napoléon en fonda une seconde à Saint-Denis, dans l'ancienne abbaye, qui lui fut consacrée tout entière, à l'exception de l'église et des bâtiments dits du Trésor. La surintendance en fut confiée à Mme Dubouzet, inspectrice de la maison d'Écouen, qui y introduisit, avec elle, les idées et les principes de Mme Campan.

L'année suivante, les trois succursales de la rue Barbette, des Barbeaux et des Loges furent instituées, pour recevoir provisoirement les jeunes filles qui attendaient leur tour pour entrer dans

1. Pour les maisons d'éducation de la Légion d'honneur, voir Jules Delarbre, *la Légion d'honneur, histoire, organisation, administration* (*Revue maritime et coloniale*, chap. xx, 1886 et 1887).

les deux grandes maisons. De ces trois écoles préparatoires, celle des Loges seule a survécu.

Les maisons de Saint-Denis, d'Écouen et des Loges sont placées sous l'autorité et la surveillance du Grand Chancelier de la Légion d'honneur. Elles sont régies par le décret du 20 juin 1890, aux termes duquel elles ne reçoivent plus, à titre gratuit, que des filles légitimes de légionnaires sans fortune dont le nombre est fixé à 800. La maison de Saint-Denis en contient 400, les deux autres 200 chacune. Les petites filles, sœurs ou nièces des membres de l'Ordre peuvent y être admises, en payant une pension de 1 000 francs avec un trousseau de 300 francs pour Saint-Denis, une pension de 700 francs et un trousseau de 250 francs pour Écouen et les Loges.

Les élèves y entrent de neuf à onze ans et en sortent après avoir accompli sept années scolaires.

L'enseignement est réglé de la façon suivante, par l'article 11 du décret du 20 juin 1890 :

Dans les trois maisons, préparation au brevet élémentaire ou de deuxième ordre de l'enseignement primaire ;

Aux Loges, enseignement professionnel, coupe et confection de robes, broderies, dessin industriel ;

A Écouen, enseignement commercial, comptabilité et tenue de livres, préparation aux emplois dans les postes et télégraphes, la banque, le Crédit foncier, etc. ;

A Saint-Denis, préparation au brevet supérieur ou de premier ordre de l'enseignement primaire, enseignement artistique supérieur, musique, dessin, préparation à l'obtention du brevet d'aptitude à l'enseignement du dessin et de la musique. Préparation, pour les stagiaires [1], à l'obtention du diplôme de fin d'études secondaires, ou du certificat d'aptitude à l'enseignement dans les lycées et collèges de jeunes filles.

Les élèves font leurs robes, entretiennent leur linge et celui de la maison; on leur enseigne tout ce qui peut être utile à une mère de famille, comme la préparation des aliments et les travaux de buanderie [2].

Cette instruction est, comme on le voit, dirigée dans un sens très pratique. On s'est surtout occupé de mettre les élèves à même de pouvoir, à leur sortie, tenir un ménage et gagner leur vie. Il y a, sous ce rapport, une sorte de hiérarchie entre les

1. On désigne sous ce nom les jeunes filles destinées à remplir les emplois vacants dans l'enseignement des maisons de la Légion d'honneur.

2. Voir, pour les détails relatifs à l'organisation de l'école, le statut des maisons d'éducation de la Légion d'honneur, Paris, à la Grande Chancellerie, rue de Solférino, n° 1. — Imprimerie nationale, 1890.

trois maisons et l'instruction y est appropriée au rang que les élèves sont appelées à occuper dans la société. Ce que le Ministère de la guerre pouvait faire dans ce sens, il l'a fait; mais il a bien fallu que, dans l'enseignement proprement dit, il adoptât les programmes de l'Université, sous peine de mettre ses élèves dans l'impossibilité de conquérir les brevets exigés dans certaines carrières, et je me suis déjà expliqué sur le compte de ces programmes. On fait son possible, dans la pratique, pour en atténuer les rigueurs.

Les maisons d'éducation de la Légion d'honneur avaient assez mauvais renom au commencement du siècle. On les accusait de développer, chez les élèves, des goûts de luxe et de dissipation dangereux pour leur avenir modeste et borné. Il y régnait, disait-on, un mauvais esprit. Aujourd'hui tout cela n'est plus qu'à l'état de souvenir. Ce que je viens de dire de l'éducation qu'on y donne en est la preuve, et la visite des établissements montre à quel point de pareils reproches seraient injustes aujourd'hui.

Tout est, dans ces maisons, d'une austérité qui rappelle l'époque de leur fondation. Saint-Denis surtout, avec ses escaliers de pierre aux rampes de fer forgé, ses cloître d'aspect monastique, ses grandes salles sévères, ressemble plus à un couvent qu'à un pensionnat. On s'y croirait encore au temps où les Bénédictins, qui ont élevé cette demeure, y menaient la vie calme et laborieuse de leur ordre. Le mobilier scolaire est inférieur à celui des écoles primaires de Paris. Les lits des élèves ressemblent à ceux des soldats dans les casernes. L'uniforme est si simple et d'une telle vétusté, qu'il est presque ridicule dans certaines de ses parties.

Il est relevé par l'excellente tenue des élèves, par leur caractère de distinction et la simplicité gracieuse de leurs manières. Ce sont des jeunes filles bien élevées.

Malgré la date très ancienne des édifices qui les composent, les maisons de la Légion d'honneur ne sont pas malsaines. Toutes trois sont situées à la campagne, au milieu des bois et des prairies; elles ont des dépendances considérables.

Saint-Denis a 35 hectares de superficie. Tout y est immense et les installations sont très convenables. On y trouve des cabinets de toilette bien installés, une salle d'hydrothérapie et un gymnase.

Écouen, qui appartenait autrefois aux princes de Condé, s'élève sur un monticule, au milieu de bois profonds et dans une situation splendide.

Les Loges sont dans la forêt de Saint-Germain,

perdues au milieu des bois, dont une partie a été comprise dans le parc et sert aux récréations des élèves. Les édifices sont beaucoup moins vastes que ceux de Saint-Denis, mais ils renferment moitié moins d'élèves.

La règle des trois maisons est la même. Les élèves portent le même costume, sont nourries de la même façon et, sauf les différences que j'ai signalées en commençant, elles reçoivent la même instruction, c'est-à-dire que les programmes scientifiques et littéraires sont les mêmes. La distribution du temps est à très peu de chose près, conforme aux règles que j'ai posées précédemment. Les élèves ont neuf heures et demie de sommeil; sept heures leur sont accordées pour la toilette, la prière, les repas, les récréations et les arts d'agrément. La durée du travail intellectuel est réduite à sept heures et demie.

On ne peut assurément pas reprocher à cette règle l'excès de sédentarité et, si l'on s'y conformait strictement, les jeunes filles ne seraient pas surmenées; mais, depuis que les programmes de l'Université et la manie des brevets ont pénétré dans ces écoles, les élèves ont été forcées de faire comme les autres. Celles qui préparent leurs examens, consacrent à l'étude une partie du temps destiné au repos. A l'heure des récréations, il n'y a plus que les petites filles à jouer sur la grande pelouse de Saint-Denis.

La santé des élèves n'en souffre pas, du reste. J'ai été frappé de leur bonne mine, lorsque j'ai visité les trois maisons. Les infirmeries étaient à peu près vides. Il y a de temps en temps, à Saint-Denis, de petites épidémies, comme dans tous les établissements qui renferment beaucoup de jeunes sujets; mais, en dehors de ces circonstances néfastes, rien n'est rare comme la mort d'une élève.

III. *Pensionnats et couvents.* — Les établissements libres dans lesquels se donne une instruction semblable à celle des lycées, sont de deux sortes, suivant qu'ils sont tenus par des religieuses ou par des institutrices laïques.

Les premières ont eu le monopole de l'enseignement jusqu'à la Révolution de 1789. L'expulsion des religieuses et la fermeture des couvents furent suivies d'une période de transition, pendant laquelle l'instruction des jeunes gens des deux sexes fut complètement négligée. Les premiers pensionnats se fondèrent après la Terreur et c'est, comme nous l'avons vu, Mme Campan qui donna l'exemple. Ruinée par la Révolution, ayant à soigner son mari malade et son fils âgé de neuf ans, n'ayant plus au monde qu'un assignat de 500 francs, elle eut l'idée de chercher une ressource dans l'enseignement et de fonder une maison d'éducation. N'ayant pas les moyens de faire imprimer son prospectus, elle en écrivit cent exemplaires et les envoya aux gens de sa connaissance qui avaient survécu. Au bout d'un an, elle avait 60 élèves, bientôt elle en eut 100 et, l'année de la paix avec l'Angleterre, elle en compta 115.

Mme Campan fit école. Les pensionnats analogues au sien se multiplièrent à l'infini. L'enseignement devint un métier et plus d'une femme passa sans transition de la boutique à l'école. D'autre part, la plupart des établissements récemment fondés cédaient au caprice de la mode. Les représentations scéniques, le jeu, la danse y tenaient trop de place; les familles étaient le plus souvent complices des abus qu'elles auraient dû être les premières à réprimer; le goût du luxe, de la frivolité, du plaisir entraînait tout le monde et tout cela discréditait ces institutions. Le gouvernement, de son côté, se montrait peu favorable au développement de l'éducation chez les femmes.

Napoléon ne goûtait guère les écoles de *raisonneuses* [1]. Il en avait donné la preuve, en traçant à grands traits le programme de l'éducation qu'il

1. Oct. Gréard, *Éducation et Instruction*, *loc. cit.*, t. I, p. 107.

voulait qu'on donnât aux élèves de Saint-Denis [1].
Il préférait, à l'éducation des pensionnats, celle
des congrégations enseignantes qu'il avait réta-
blies dans leurs droits et privilèges [2]. Celles-ci
prirent une nouvelle faveur sous la Restauration,
et cependant l'organisation et la reconnaissance
légale d'une instruction supérieure pour les filles
datent de cette époque.

Ce sont les arrêtés de 1819 et 1820 qui ont
établi la distinction entre les *écoles primaires*
proprement dites et les autres écoles, qui prirent
le nom de *pensions* ou d'*institutions*, suivant le
degré de l'enseignement qui y était conféré et
qui était marqué par le diplôme exigé des maîtresses.

Cette distinction fut maintenue par l'arrêté du
7 mars 1837, dont l'article 1er est ainsi conçu :
« Les maisons d'éducation du département de la
Seine, autres que les écoles primaires, forment
deux ordres distincts d'établissements, d'après
l'enseignement qu'on y reçoit : les établissements
d'ordre inférieur prennent le titre de *pensions*;
les établissements d'ordre supérieur prennent le
nom d'*institutions* ».

1. Voir la lettre qu'il écrivait de Finkestein au Grand Chancelier de la Légion d'honneur, le 15 mai 1809.
2. Décrets de 1806, 1807, 1810, 1811.

A chacun de ces titres répondait un diplôme spécial, et le tableau, placé à la porte de toute maison d'éducation, devait en mentionner l'exacte indication. Pour tous les diplômes, l'examen était subi devant une commission composée de sept personnes, cinq hommes et deux dames, nommés par le ministre [1]. Une inspection régulière des maisons d'éducation fut créée en même temps et les rapports en furent adressés au ministre, avec les propositions de réformes et d'améliorations.

De 1838 à 1848, les pensions et les institutions de jeunes filles ont joui, à Paris, d'une véritable prospérité. En 1845, on en comptait 253 dans le département de la Seine, et on y recevait 13 056 élèves, en y comprenant les internes et les externes. Le conseil royal de l'Instruction publique, ayant décidé que rien ne s'opposait à ce qu'elles pussent s'annexer des classes primaires [2], elles recevaient, dès le premier âge, les enfants qu'elles se faisaient honneur de conduire jusqu'aux termes des classes secondaires et aux examens qui les couronnaient [3].

La prospérité de ces établissements avait même suscité une sorte de concurrence. A côté des pen-

---

1. Arrêté du 7 mars 1837.
2. Décision du 2 juin 1837.
3. Oct. Gréard, *Éducation et Instruction, loc. cit.,* t. I, p. 107.

sionnats, s'étaient fondés des *externats* d'un régime particulier qu'on a depuis appelés *cours*. Il y en avait de deux sortes : des cours d'enseignement proprement dit, où on préparait les élèves à suivre la carrière du professorat, et des cours d'éducation plus spécialement destinés aux jeunes filles du monde qui voulaient perfectionner leur instruction.

Toutes ces institutions se sont maintenues depuis cette époque. En 1878, il existait, dans le département de la Seine, 210 établissements d'instruction consacrés aux jeunes filles (170 pensions et 40 institutions).

Tous les rangs de la société sont représentés dans ces maisons d'éducation. Leur clientèle est extrêmement variée. Il en est qui sont plus particulièrement fréquentées par certaines classes que par d'autres; mais l'enseignement y est partout le même. Dans toutes les maisons d'éducation, on prépare aujourd'hui les jeunes filles à subir les examens pour les brevets d'institutrice, et cela ne peut se faire qu'en se conformant aux programmes de l'Université.

La seule chose qui diffère quelque peu, c'est l'enseignement artistique, auquel on donne plus de développement dans les pensionnats aristocratiques; tandis que les travaux à l'aiguille sont plus en honneur, dans les maisons fréquentées par la bourgeoisie.

Quant à l'éducation physique, elle est aussi négligée dans les uns que dans les autres. Il faut en accuser l'étroitesse des locaux dans lesquels ces établissements sont fondés dans les grandes villes, et l'indifférence des institutrices et des familles pour tout ce qui concerne l'hygiène.

Les couvents ont été, comme nous l'avons dit, les seuls établissements d'enseignement secondaire jusqu'à la Révolution ; mais jamais ils n'ont été plus en honneur qu'au xviie siècle. Ils étaient, pour les femmes, le premier et le dernier asile. On ne regardait pas à l'âge, pour y placer les jeunes filles. Un deuil de famille, un départ, les circonstances en décidaient. On y voyait des enfants de deux ans et demi, comme Mme Guyon, des petites filles de six ans, comme Marie-Blanche de Grignan, à côté de grandes demoiselles auxquelles le couvent servait de famille, ou qu'on y avait enfermées pour les punir.

C'est encore au couvent que les femmes brisées par le chagrin, accablées par des pertes ou des malheurs de famille, allaient chercher le repos et l'oubli, à l'abri des hautes murailles et dans l'ombre des grands cloîtres.

La règle de quelques-unes de ces maisons était

d'une austérité qu'on ne peut comprendre aujourd'hui. Les enfants y vivaient dans le silence et la prière et les exercices pieux y prenaient plus de temps que le travail et les leçons. Toutefois, tous les couvents n'étaient pas tenus, même au xviie siècle, avec cette rigueur janséniste.

Fénelon, dans sa *Lettre à une dame de qualité*, la met en garde contre les dangers que sa fille pourrait y courir : « Si un couvent n'est pas régulier, elle y verra la vanité en honneur, ce qui est le plus subtil de tous les poisons pour une jeune personne. Elle y entendra parler du monde, comme d'une espèce d'enchantement, et rien ne fait une plus pernicieuse impression que cette image trompeuse du siècle qu'on regarde de loin avec admiration, et qui en exagère tous les plaisirs, sans en montrer les mécomptes et les amertumes. »

« Le monde n'éblouit jamais tant que quand on le voit de loin, sans l'avoir jamais vu de près et sans être prévenu contre sa séduction. Ainsi je craindrais un couvent mondain encore plus que le monde même. Si, au contraire, un couvent est dans la ferveur et dans la régularité de son institut, une jeune fille de condition y croît dans une profonde ignorance du siècle ; c'est sans doute une heureuse ignorance, si elle doit durer toujours, mais si cette fille sort de ce couvent et passe, à un certain âge, dans la maison paternelle où le monde aborde, rien n'est plus à craindre que cette surprise et que ce grand ébranlement d'une imagination vive. Une fille qui n'a été détachée du monde qu'à force de l'ignorer, et en qui la vertu n'a pas encore jeté de profondes racines, est bientôt tentée de croire qu'on lui a caché ce qu'il y a de plus merveilleux. Elle sort du couvent, comme une personne qu'on aurait nourrie dans les ténèbres d'une profonde caverne, et qu'on ferait tout d'un coup passer au grand jour. Rien n'est plus éblouissant que ce passage imprévu et que cet éclat auquel on n'a jamais été accoutumé. »

« Il vaut beaucoup mieux que votre fille s'accoutume peu à peu au monde, auprès d'une mère pieuse et discrète, qui ne lui en montre que ce qu'il convient d'en voir, qui lui en découvre les défauts, dans les occasions, et qui lui donne l'exemple de n'en user qu'avec modération, pour le seul besoin. J'estime fort l'éducation des bons couvents; mais je compte encore plus sur celle d'une bonne mère quand elle est libre de s'y appliquer [1]. »

Si, du temps de Fénelon, il y avait des couvents

---

1. *Lettre à une dame de qualité sur l'éducation de mademoiselle sa fille.* Fénelon, *De l'éducation des filles,* loc. cit., p. 196.

mondains, c'était bien autre chose un siècle après. Au témoignage de Mme Campan et de Mme de Genlis qui parlaient de ce qu'elles avaient vu, on y jouait, on y dansait, on y menait le train du monde. Les couvents admettaient des pensionnaires en chambre qui disposaient d'un parloir particulier, d'un domestique, d'un intérieur à elles où elles attiraient les élèves. Les choses en étaient arrivées à ce point que les jeunes filles n'entraient plus au couvent, à moins d'être orphelines ou incommodes à leurs mères, et n'y séjournaient que deux ans au plus, le plus souvent un an ou six mois, seulement pour la première communion [1].

Cette décadence explique le discrédit dans lequel les couvents étaient tombés à l'époque de la Révolution. Depuis lors, ils ont absolument changé de caractère. Rétablis par Napoléon Ier, protégés par la Restauration, ils ont perdu quelque peu de leur importance sous la monarchie de Juillet; mais ils l'ont reconquise depuis, et la guerre déclarée aux établissements religieux par le gouvernement, leur a donné une vogue qui va croissant.

Toutes les familles qui tiennent à ce que leurs

—————

1. Mme Campan, *Lettre au comte de L....*, 1812.

filles soient pieusement élevées, celles qui désirent seulement qu'on leur fasse suivre les pratiques de la religion, les mettent au couvent; et, comme les gens qui pensent ainsi sont en grande majorité, la clientèle de ces établissements prendra de plus en plus d'importance.

A Paris seulement, on compte une trentaine d'ordres religieux qui se livrent à l'enseignement dont je m'occupe en ce moment et la plupart dirigent plusieurs établissements. Parmi les communautés enseignantes, les principales sont celles du Sacré-Cœur, des Ursulines, des Dames de la Visitation et de l'Assomption; les Augustines, qui ont trois maisons dans Paris (l'Abbaye-au-Bois, les Oiseaux et le Roule); les ordres de la Sainte-Famille, du Saint-Esprit, de la Providence qui ont plusieurs maisons; les sœurs de la Charité de Nevers, celles de Saint-Charles de Nancy, celles de Saint-Joseph de Cluny; les Dames de Sainte-Clotilde, celles de Saint-Maur, les Dominicaines; les sœurs de la Présentation de la sainte Vierge, celles de la Providence de Portieux, les Religieuses trinitaires, etc.

Tous ces ordres ont des maisons en province et il s'y trouve de plus des communautés locales qui confèrent le même enseignement. Les établissements religieux sont groupés dans certaines régions de la France. Ce sont les départements du Midi, de l'Ouest et surtout ceux de la Bretagne qui en renferment le plus grand nombre. Dans ce pays, presque toutes les jeunes filles des classes élevées font leur éducation dans les couvents.

La règle de ces établissements a complètement changé depuis le siècle dernier. On y attache toujours la même importance à l'instruction religieuse; on pourrait même reprocher à certains d'entre eux d'y mettre un peu d'exagération et de perdre de vue le but qu'ils doivent se proposer. Ce ne sont pas des noviciats; les familles qui leur confient leurs filles, n'ont pas envie d'en faire des religieuses et c'est pour la famille et le monde qu'il s'agit de les former. A cet égard, du reste, les tendances et la direction varient suivant le caractère et les opinions des directrices.

L'enseignement proprement dit est le même dans tous. Partout on a été forcé de se conformer aux programmes de l'Université. Cependant, certains couvents qui ne préparent pas spécialement aux brevets, comme le Sacré-Cœur, ne les suivent pas d'une manière absolue. Le niveau des études n'est pas non plus le même dans tous les établissements religieux; mais il s'est relevé d'une manière très sensible, dans la plupart d'entre eux, depuis que les lettres d'obédience ont été supprimées par la loi du 27 mai 1880 et que les maîtresses subissent les mêmes examens, et sont pourvues des mêmes diplômes que les institutrices laïques. Si l'instruction n'y est pas aussi brillante, aussi variée que dans certains pensionnats, elle est sérieuse, solide et moins exclusivement dirigée en vue des brevets.

L'éducation physique y laisse beaucoup à désirer, et cependant la plupart de ces établissements sont de date très ancienne et ont de vastes dépendances et de grands jardins, dans lesquels les élèves pourraient courir et jouer, si la jouissance leur en était laissée; mais, ainsi que je l'ai dit au chapitre de l'Éducation physique, la difficulté de les surveiller d'une part, la crainte de les voir détériorer les plates-bandes et les cultures de l'autre, enfin l'ignorance des lois de l'hygiène en ce qui concerne la vie au grand air, en font interdire la plus grande partie.

Les récréations sont trop courtes, dans les couvents comme dans les pensionnats, et généralement mal employées. Il est encore quelques maisons qui rappellent l'austérité morne des couvents d'autrefois, où le silence, le recueillement, les promenades tranquilles et graves sont les seules distractions des élèves, où celles-ci, pour être bien notées, doivent s'efforcer de ressembler à de jeunes novices; mais ceux-là sont l'exception.

La plupart des couvents d'aujourd'hui comprennent mieux leur mission et tâchent d'égayer leurs élèves. Dans les maisons du Sacré-Cœur, notamment, on les fait jouer et les maîtresses se mettent de la partie, comme dans les collèges de Jésuites. La plupart des jeux que j'ai énumérés plus haut y sont en honneur, même ceux qui nous sont récemment venus d'Angleterre.

La partie la plus défectueuse dans les communautés, ce sont les soins de propreté. Sur ce point important, elles sont trop en retard sur les idées de l'époque. Les cuvettes sont trop petites; les ablutions sont insuffisantes; les bains trop rares et le mobilier scolaire aurait besoin d'être renouvelé.

En résumé, le défaut capital de l'enseignement secondaire, tel qu'il est donné dans la plupart des établissements que je viens de passer en revue, c'est d'être à la fois trop étendu et trop superficiel. On a voulu y comprendre trop de choses et on ne fait que les effleurer. On est réduit à mal étreindre, pour avoir voulu trop embrasser. Il faut donc, sous peine de continuer à donner aux femmes cette instruction de catalogue dont j'ai parlé plus haut, retrancher quelque chose de ces programmes si touffus qu'ils en sont impénétrables, et je vais rechercher, dans le paragraphe suivant, quelles sont les matières qu'on pourrait supprimer sans grand dommage.

IV. *L'enseignement rationnel.* — Après ce que j'ai dit, dans le premier chapitre, de l'intelligence des femmes et de leur aptitude à tout apprendre, je pourrais me dispenser d'affirmer que je ne veux apporter aucune entrave à leurs aspirations, ni limiter le champ de leurs études. Il faut au contraire fournir à celles que des aptitudes spéciales, ou tout simplement leur goût, portent à cultiver les études transcendantes, tous les moyens de s'y livrer; mais il ne faut pas imposer cette tâche à toutes les jeunes filles, sous prétexte d'enseignement secondaire; il ne faut par conséquent pas faire entrer toutes les connaissances possibles, dans des programmes auxquels toutes les jeunes filles doivent être soumises. Le champ de leur instruction doit s'étendre de jour en jour, parce que la place de la femme, au foyer de la famille et dans la société, va s'élargissant sans cesse et, comme le dit excellemment M. Gréard, ce qui était utile au temps de Mme Necker et de Mme Récamier est devenu indispensable; ce que les femmes du xviie et du xviiie siècle réclamaient à juste titre pour elles, c'est pour elles et pour nous aujourd'hui que nous devons le donner. Ce n'est pas une raison pour vouloir faire entrer, dans la tête de toutes les jeunes filles, plus de connaissances qu'elles ne peuvent en contenir et les programmes ne doivent pas être faits en vue de quelques intelligences d'élite. C'est à ce point de vue que je vais me placer.

Les jeunes filles qui abordent l'enseignement secondaire ont acquis, il est inutile de le rappeler, les connaissances sommaires que nous avons énumérées, dans le chapitre précédent, comme constituant le minimum de l'instruction. Qu'elles l'aient appris dans leurs familles ou dans les écoles, elles savent lire et écrire; elles ont une idée de la grammaire et possèdent quelques notions d'arithmétique. Quant aux connaissances usuelles, elles les ont acquises, en écoutant la conversation des grandes personnes ou dans leurs entretiens avec leurs mères. Il s'agit de compléter leur instruction au point de vue littéraire, scientifique et artistique.

A. *Enseignement littéraire.* — Une connaissance bien complète de la langue française est indispensable à une jeune fille bien élevée. C'est une nécessité qui est bien comprise dans tous les pensionnats, comme dans toutes les familles et, pour le dire par avance, l'instruction qu'on y donne est plus logique et mieux entendue que celle que reçoivent les garçons. On peut remarquer, dans

un grand nombre de familles, que les filles ont
une écriture plus lisible, plus élégante que les
garçons, et qu'elles écrivent le français plus correctement. On fait bien d'encourager cette tendance.

La première condition d'une éducation bien
faite, c'est de parler la langue de son pays d'une
manière irréprochable. Il ne faudrait pas pourtant pousser trop loin la recherche de cette perfection et égarer les jeunes filles dans le dédale des
subtilités grammaticales où se complaisent les
puristes. Il faut, en même temps, former leur
style, les habituer à écrire d'une manière simple
et naturelle, en évitant la recherche et l'exagération, en leur montrant le ridicule de l'emphase.

Les programmes des lycées de filles comprennent l'étude d'une langue vivante. Au lycée
Fénelon, c'est l'anglais ou l'allemand qu'on enseigne; autrefois, au temps de Fénelon, c'était l'ita-
lien et l'espagnol. Ce changement s'explique par
la prépondérance que les nations du Nord ont
acquise sur celles du Midi. La connaissance des
langues vivantes n'est pas aussi nécessaire aux
femmes qu'aux hommes, mais c'est un complément d'éducation qu'il n'y a qu'avantage à leur
donner.

Aujourd'hui, dans les familles riches, il est

d'usage de donner aux enfants une bonne allemande ou anglaise, pour leur apprendre à parler la langue du pays où elle est née. C'est une habitude à encourager, car les langues s'apprennent d'autant plus facilement qu'on est plus jeune. Elles ne demandent que de la mémoire et c'est la seule faculté qui soit bien développée chez l'enfant.

Quant aux langues mortes, on a eu le bon sens de les retrancher du programme. « Des maîtres autorisés, dit M. Gréard, auraient souhaité d'y introduire l'étude des langues anciennes. Quels idiomes mieux faits pour exercer l'esprit à l'analyse des formes du langage, plus propices à le nourrir par l'excellence morale des idées qu'ils ont servi à exprimer! C'était en outre, semblait-il, un moyen de rapprocher la femme du mari, la mère de l'enfant. On a dû résister à ces entraînements généreux. »

« On s'est rendu compte que les secrets de ces langues exquises et fortes n'étaient pas de ceux qui se laissent ravir, en quelques heures d'application surmenée, et que, en supposant qu'en cela l'aide de la mère pût vraiment être utile à l'enfant, les exercices de déclinaison et de conjugaison qu'elle balbutierait avec lui, ne vaudraient pas le temps qu'elle aurait employé à les apprendre. On a considéré, en outre, que l'étude des langues modernes, comparées avec la langue française, suffisait pour initier la jeune fille à la philosophie de la grammaire; enfin, que les traductions ouvraient à toute intelligence sérieuse les trésors de ces littératures sans égales, et que mieux valait lire et relire à l'aise une bonne version de l'*Économique* de Xénophon, que d'en épeler le texte péniblement, à l'aide d'un dictionnaire [1] ».

Il est impossible de mieux dire et je n'ajouterai pas un mot à cet arrêt prononcé par un maître aussi compétent que le vice-recteur de l'Académie de Paris.

L'histoire et la géographie sont au nombre des connaissances qui doivent être comprises dans l'enseignement secondaire. Il faut éviter toutefois de se perdre dans les détails et de farcir la mémoire des jeunes filles d'une foule de dates sans valeur, d'événements sans importance, comme on le fait trop souvent dans les écoles, surtout alors qu'il s'agit de préparer les élèves à l'obtention des brevets. On doit éviter également de faire verser cet enseignement dans l'ornière de la politique, et d'en faire un texte à déclama-

---

1. Oct. Gréard, *Éducation et Instruction. L'Enseignement secondaire des filles*, t. I, p. 225.

tion contre les opinions que le maître ne partage pas.

Dans l'enseignement de la géographie, on doit éviter également de tomber dans la minutie et de la faire apprendre par cœur, comme on le faisait autrefois. La géographie s'apprend par les yeux, à l'aide des cartes. Sous ce rapport, on a fait de grands progrès. On a maintenant d'excellents atlas et on a adopté partout le système des cartes murales, introduit par M. Zévort dans les lycées de l'Académie de Bordeaux, quand il en était le recteur. L'œil saisit sans effort, sur ces cartes gigantesques, la forme et la disposition des pays, la situation des villes, la direction des montagnes, des cours d'eau, des routes et des chemins de fer. Comme elles ne sont pas surchargées de détails, comme la disposition des lignes, des couleurs, des caractères est simple, cette figuration se grave aisément dans la mémoire.

Le croquis au tableau noir est également une excellente méthode. Elle complète la précédente et doit offrir la même simplicité. Le dessin fait par l'élève doit être clair et fidèle. Il ne doit renfermer que ce que le maître a dit et il ne faut tenir en aucune façon au fini de l'exécution. « On ne saurait trop blâmer, dit M. Jallifier, ces travaux patients, où l'enfant perd un temps précieux et qu'il juge d'autant meilleurs qu'ils ressemblent plus au modèle copié, c'est-à-dire qu'ils sont plus inutiles [1]. »

Pour en finir avec l'enseignement littéraire, il me reste un mot à dire des méthodes pédagogiques.

Elles ne sont plus de notre temps; dans les hautes sphères de l'enseignement, on reconnaît qu'elles font perdre un temps précieux aux élèves et qu'elles les dégoûtent du travail.

On fait beaucoup trop apprendre par cœur et beaucoup trop écrire. On donne trop de leçons et trop de devoirs. Cela ne sert qu'à fatiguer la mémoire et les doigts et à perdre l'écriture. Comme je n'ai pas, en matière de pédagogie, la même compétence qu'en hygiène, je suis heureux de m'abriter derrière l'opinion des professeurs de l'Université, telle qu'ils l'ont formulée dans leurs rapports à la Commission des lycées réunie, en 1889, au Ministère de l'instruction publique et dont j'ai eu l'honneur de faire partie [2].

1. Rapport fait par M. R. Jallifier, professeur d'histoire au lycée Condorcet, membre du Conseil supérieur de l'Instruction publique, à la commission pour l'étude des améliorations à introduire dans le régime des établissements d'enseignement secondaire, Paris, 1889, p. 16.

2. Commission pour l'étude des améliorations à introduire dans le régime des établissements d'enseignement secondaire.

La première sous-commission (enseignement du français) s'est prononcée contre les leçons multipliées, les récitations interminables et les longs devoirs. « Il ne faut pas exiger plus d'une leçon par classe et ne pas mettre plus de dix à quinze minutes à la faire réciter, dit M. Gustave Merlet [1]. Il faut éviter, jusqu'à la fin des classes de grammaire, les devoirs longs et difficiles. Bien évidemment, rien ne s'acquiert sans effort; mais un devoir trop difficile, outre qu'il décourage l'élève, ne laisse rien dans sa mémoire. Un long devoir nécessite une correction rapide; il ne laisse point de place à l'exercice oral qui doit l'y rattacher et qui en confirme les résultats [2].

« Tous les inspecteurs généraux de l'enseignement secondaire ont signalé l'abus qui se fait de l'analyse logique, surtout dans les classes de début. Il est donc opportun de recommander plus de discrétion dans l'emploi d'un devoir qui gagnera certainement à être enfin débarrassé des termes barbares dont on obstrue ses abords. En élaguant ce luxe parasite de qualificatifs abstraits, presque inintelligibles, on simplifiera d'inutiles

1. Première sous-commission (enseignement du français), p. 13.
2. Première sous-commission (enseignement, méthodes, programmes). Rapport de M. Bossert, p. 11.

complications. Des phrases claires, et d'un sens
complet, serviront ainsi de matières à des exercices oraux, ou parfois écrits, mais alors très
courts, qui formeront le jugement et ne seront
pas alors une besogne fastidieuse [1]. »

Les dictées en classe sont également condamnées. C'est une besogne matérielle complètement
inutile et qui fait perdre un temps considérable.
Si la maîtresse, chargée d'un enseignement, ne
trouve pas suffisants les livres classiques qui
sont entre les mains de ses élèves, qu'elle fasse
autographier son cours, comme on le fait dans
les écoles spéciales, mais qu'elle se garde bien
de le dicter. Des notes rapides, prises au courant
de la leçon, doivent suffire. Tout au plus la maîtresse doit-elle dicter, par-ci par-là, une phrase
décisive, un nom ou un chiffre qui ne se trouve
pas dans le précis que ses élèves ont entre les
mains.

Ces conseils ont été formulés en vue des lycées,
par les maîtres de l'enseignement universitaire;
mais ils s'appliquent à tout aussi juste titre aux
pensionnats de jeunes filles. Ces vices de méthode
seront difficiles à déraciner, car il faudrait d'abord
réformer le personnel enseignant dans les deux

1. Gustave Merlet, *Rapport de la première sous-commission,*
loc. cit., p. 8.

sexes. Ils sont basés sur la routine, et puis ces procédés surannés sont commodes et ne fatiguent pas les maîtres. Une partie de la classe se passe à faire réciter les leçons, l'autre à corriger les devoirs et le temps donné aux explications, aux commentaires, le véritable temps utile, le seul pendant lequel le maître fasse véritablement œuvre d'enseignement, celui-là se réduit à sa plus simple expression, tandis qu'une classe pendant laquelle le professeur se dépense tout entier pour captiver et soutenir l'attention de ses élèves, pour faire pénétrer dans leur intelligence des choses qui y resteront gravées, cette leçon substantielle et productive n'est pas à la portée de tout le monde. Elle demande un fonds d'instruction très solide, un travail de tous les jours et une grande dépense d'activité à chaque fois. Pour obtenir immédiatement une pareille réforme, il faudrait changer tout le personnel enseignant des deux sexes, et ce n'est pas possible; il faut donc attendre qu'il se transforme peu à peu et que les idées que je viens d'exposer aient fait leur chemin.

L'Université n'a ni les moyens, ni même le droit de tenter des expériences qui pourraient compromettre le fonctionnement de l'immense service qu'elle dirige. Elle doit attendre que l'en-

seignement privé lui ait montré la voie et sondé
le terrain pour elle. En ce qui concerne les méthodes pédagogiques, l'école Monge, qui marche
en tête du progrès, a déjà donné l'exemple. Elle
a inauguré, l'année dernière, une méthode nouvelle basée sur les principes que je viens d'exposer.

Ce système repose sur deux conditions essen-
tielles : le dévouement du professeur et l'attention constante des élèves, pendant toute la durée
des classes. Le nombre des heures de classe est
augmenté, mais celui des heures d'étude est réduit
au strict nécessaire. C'est en classe que se fait
presque tout le travail utile. Aussi ne durent-
elles jamais plus d'une heure et demie. C'est le
maximum de temps que puisse supporter l'attention de l'élève et l'activité du professeur. Les
devoirs sont faits oralement, en présence du
maître qui rectifie les erreurs; de même, les
leçons sont apprises par cœur, tout livre fermé.
Le professeur lit le texte, les élèves l'expliquent
et le retiennent si bien que toute leçon ainsi com-
mentée et expliquée reste définitivement acquise.

Le professeur ne passe d'un texte à un autre,
qu'après s'être assuré que tout le monde a compris. Ce système exclut, comme bien on le pense,
les paresseux incorrigibles et les enfants tout à
fait inintelligents. Ceux-là sont rendus à leurs

familles[1]. On conçoit en effet qu'on ne peut pas arrêter toute une classe, pour permettre à quelques *cancres* de suivre l'explication, de même qu'on n'arrête pas la marche d'un régiment, pour permettre aux estropiés de rejoindre.

La mémoire joue un rôle prépondérant dans cette méthode, mais nous avons dit que c'était la faculté maîtresse chez l'enfant. Ce système, qui se rapproche de celui de l'enseignement supérieur, n'a encore été appliqué à l'école Monge que pour l'étude des langues; mais les autres branches de connaissances peuvent y être soumises au même titre et il peut être employé avec autant d'avantages dans l'éducation des jeunes filles.

B. Enseignement scientifique. — Il est plus difficile à donner que l'autre, parce que certaines de ses branches exigent un personnel qui n'existe pas encore et un matériel dispendieux.

Il est facile de trouver des maîtresses de langues, des personnes sachant bien l'histoire et la géographie, d'autres qui peuvent se charger d'apprendre aux élèves les éléments des mathématiques, dans la mesure restreinte qu'il convient de

---

1. E. Callot, *De l'enseignement des langues anciennes.* Lecture faite à la 19e session de l'Association française pour l'avancement des sciences, le 11 août 1890. Compte rendu de la session, 2e partie, p. 1057.

leur donner et il ne faut pour cela qu'un tableau noir et de la craie; mais les institutrices capables de faire un cours de physique, de chimie ou d'histoire naturelle, sont beaucoup plus rares.

Quant au matériel, lorsqu'on sait ce que coûte un cabinet de physique, un laboratoire de chimie, un petit musée zoologique, le soin qu'il faut mettre à l'entretenir et les frais qui en résultent, on comprend qu'il ne soit pas possible d'en doter tous les pensionnats. On se borne, la plupart du temps, à faire des leçons orales, à dicter les cours en classe et tout le monde sait ce que cela vaut.

La botanique, qu'on a appelée la plus aimable des sciences, est une de celles qui conviennent le mieux aux jeunes filles; mais il ne faut pas se perdre dans les détails infinis de la taxonomie et s'égarer dans la physiologie végétale. C'est au milieu des jardins, dans la campagne, qu'il faut l'enseigner. Un tout petit jardin botanique, contenant un spécimen bien choisi des familles et des principaux genres, serait facile à installer dans tous les pensionnats et vaudrait mieux que la plus riche bibliothèque. L'instruction se compléterait au cours des herborisations dont j'ai déjà fait ressortir les avantages.

La géologie, à laquelle les programmes de l'enseignement secondaire accordent une heure par semaine, pendant la deuxième année, n'est pas d'une utilité bien démontrée à mes yeux et, quant à la minéralogie, c'est à la campagne et le marteau à la main que cela s'apprend. C'est un but tout trouvé pour les promenades qu'il faut multiplier dans l'intérêt de l'hygiène.

La cosmographie, à laquelle on consacre dans les lycées une heure par semaine, pendant la première année, est encore une de ces sciences sur lesquelles il ne faut pas insister et qu'on apprend mal dans une classe. Après quelques notions très sommaires données sur la sphère céleste, c'est dans le jardin, par une belle soirée d'été, qu'il faut enseigner aux jeunes filles à reconnaître les principales constellations et à lire dans la voûte étoilée. Ces leçons-là ne fatiguent pas et se retiennent bien mieux que les autres. Ce sont du reste des connaissances de luxe.

Je n'en dirai pas autant de l'hygiène, pour laquelle j'ai tout naturellement une grande prédilection. Je trouve qu'il est utile qu'une femme en possède quelques notions, pour ne pas professer les idées saugrenues et commettre les imprudences qui sont monnaie courante, même dans la bonne société. Je ne puis donc que savoir bon gré à l'Université, de l'avoir comprise dans ses cadres; mais quel programme que celui qui figure à la cinquante-sixième page de l'in-quarto publié par l'Imprimerie nationale! Rien n'y manque, c'est le sommaire d'un cours complet qui suffirait largement pour le doctorat en médecine.

Le programme d'économie domestique est plus sobre; il est plus élémentaire et n'exige pas les mêmes connaissances préalables. Les notions qu'il comporte sont du reste d'une telle utilité qu'on ne peut que l'approuver tout entier.

Le droit usuel appartient à ce même ordre de connaissances qu'il est utile à tout le monde de posséder et dont on trouve l'emploi dans la pratique de la vie; mais les sujets qu'il traite sont si nombreux et si ardus, qu'il faut réduire son cadre aux proportions les plus restreintes, si l'on veut qu'il en reste quelque chose dans la mémoire des jeunes filles. Les notions d'organisation judiciaire, de droit commercial et d'administration, que comprend le programme des lycées de filles (p. 30), ne me semblent pas indispensables à la majorité des femmes. Je crains qu'il ne soit bien difficile de fixer l'attention des élèves, sur des sujets dépourvus pour elles de tout intérêt; elles doivent en retenir bien peu de chose, lorsque leurs études sont finies.

Dans cette rapide revue, je n'ai parlé ni de la

morale ni de la philosophie, parce que je me suis déjà expliqué à cet égard. Pour moi, lorsqu'il s'agit de l'éducation des jeunes filles, ces questions-là doivent se rattacher à l'instruction religieuse.

C. Enseignement artistique. — Les arts font partie de l'enseignement, au même titre que les lettres et les sciences. Il est bon qu'une femme du monde ne soit pas étrangère à leur histoire, qu'elle ait une idée des phases par lesquelles ils ont passé, des écoles qui se sont succédé; qu'elle sache les noms des hommes de génie qui les ont représentés et qu'elle connaisse leurs principaux chefs-d'œuvre; mais cet enseignement est encore du nombre de ceux qui ne peuvent pas se donner dans une classe. L'Université l'a compris et le programme de l'histoire de l'Art porte en sous-titre le note suivante : « Cet enseignement doit être surtout pratiqué et accompagné de visites aux musées et aux monuments ».

C'est en effet dans les galeries de sculpture et de tableaux que le professeur peut donner aux élèves des leçons profitables, avec les exemples à l'appui, leur faire apprécier le caractère de chaque école et ses mérites particuliers. Ces démonstrations, au lieu d'être un travail, sont un repos pour l'esprit; elles ont un attrait sans égal et se gra-

vent dans la mémoire, comme tout ce qui intéresse, comme tout ce qu'on apprend avec plaisir.

Une maîtresse instruite, intelligente et douée
des qualités artistiques, qu'exige un semblable
enseignement, pourrait profiter des jours de congé
de la mauvaise saison, où le temps ne permet
pas les promenades à la campagne, pour parcourir
avec ses élèves les musées et les galeries de
tableaux, pour visiter les monuments historiques.
Chemin faisant, elle leur donnerait les notions
nécessaires et, à la fin de l'année, tout en leur
faisant faire de l'exercice et en les amusant, elle
leur en aurait plus appris que le cours le plus
transcendant fait au Collège de France.

La musique a, comme les arts qui précèdent,
son histoire, ses écoles et ses chefs-d'œuvre. Une
femme instruite ne peut pas ignorer tout cela;
mais cette étude, pour être utile et pratique comme
la précédente, exige la fréquentation des théâtres,
des concerts, la société des musiciens. Or, tout
cela est impossible dans le recueillement d'un pensionnat, ou dans la claustration d'un couvent, et il
est préférable de ranger cette étude parmi celles
que les jeunes filles doivent poursuivre, lorsqu'elles en ont fini avec la vie scolaire proprement
dite.

Les arts, indépendamment de leur côté théorique, comportent des applications pratiques, qui sont facultatives dans les pensionnats et se donnent pendant les heures de récréation, à la demande et aux frais des familles. Les arts d'agrément, c'est ainsi qu'on les désigne, comprennent le dessin, la musique et la danse. Les deux premiers figurent seuls sur les programmes des lycées de filles.

Le dessin n'est plus, à proprement parler, un art d'agrément. Son utilité est aujourd'hui reconnue, non seulement comme moyen de représenter les faits et les idées dans tous les genres d'enseignement, mais surtout comme un élément indispensable à l'exercice de tous les métiers d'un ordre élevé, de tous ceux qui ont un caractère artistique et qui sont par conséquent les plus lucratifs et les plus estimés.

Les jeunes filles, qui ne demandent pas à l'éducation leurs moyens d'existence, peuvent se contenter de reproduire, d'une façon plus ou moins défectueuse, une tête, une académie ou un paysage, de savoir tracer ou copier un patron de broderie. Il en est un très petit nombre qui, grâce à des aptitudes toutes spéciales, à un goût passionné pour la peinture, peuvent devenir des artistes de talent. Celles-là doivent passer par la filière des longues et rudes études ; elles doivent,

pendant des années, mener la vie d'atelier et les
parents doivent savoir que cette existence-là est
aussi malsaine au physique qu'au moral et qu'il
est rare qu'elle conduise les femmes à des résultats sérieux. Ce n'est pas une carrière à conseiller.

Les jeunes filles appartenant aux classes laborieuses ont au contraire besoin du dessin et de la
peinture; il est bon qu'elles sachent modeler et
qu'elles aient acquis, dans la pratique de ces arts
délicats, le goût et l'habileté manuelle qui leur sont
indispensables pour rivaliser avec les hommes,
dans l'exercice des professions élégantes et distinguées, où elles ont été jusqu'ici reléguées au
second rang. Les femmes du monde, elles aussi,
n'ont qu'avantage à cultiver ces dispositions, à
devenir adroites dans les mille petits ouvrages
avec lesquels elles charment leurs loisirs et trompent leur ennui. Toutes devraient être exercées à la
couture, à la confection et à la réparation de leurs
vêtements; et c'est avec grande raison qu'on a fait
entrer ces connaissances dans les programmes
des lycées de filles.

La musique a moins d'utilité pratique que le
dessin et cependant elle occupe une bien plus
grande place dans l'éducation des jeunes filles du
monde. L'étude du piano qui, pour la plupart des
mères, résume tous les arts d'agrément, absorbe

autant d'heures que les connaissances d'un ordre plus élevé. Cet instrument, en dépit des plaisanteries et des attaques qui lui ont été prodiguées, a conquis, dans la société contemporaine, une place telle qu'il faut s'incliner devant cet engouement. Dans le monde, une jeune fille qui n'est pas capable d'exécuter le morceau à la mode et de faire danser au besoin, est déclassée et se trouve, à l'égard de ses amies, dans un état gênant d'infériorité.

L'étude du piano a des inconvénients réels pour deux catégories de jeunes filles : celles qui ne sentent pas la musique et qu'on force à passer inutilement plusieurs heures par jour devant leur clavier, et celles qui la sentent trop vivement et dont elle ébranle le système nerveux d'une façon déplorable. Le reste, et c'est la grande majorité, se tient entre ces deux extrèmes. Le piano est pour elles une distraction agréable; il leur permet de faire connaissance avec les chefs-d'œuvre de l'art musical, comme avec les compositions nouvelles, et leur procure des jouissances qui sont absolument sans danger.

Ce qu'il faut éviter, c'est l'abus des exercices. Ils sont indispensables pour acquérir un mécanisme irréprochable; mais cette perfection dans le doigté n'est nécessaire que pour les jeunes filles qui se destinent à l'enseignement. Elle est complètement inutile aux autres, car elle ne s'entretient que par un travail de tous les jours et chacun sait qu'une fois mariées, les pianistes les plus habiles délaissent leur instrument pour s'occuper de leur mari et de leurs enfants, ce dont nous ne saurions les blâmer.

L'opinion que je viens d'exprimer a été émise, d'une façon bien plus radicale, par un de nos plus grands compositeurs, par M. Ch. Gounod. M. Camille Sée lui ayant demandé son avis sur le nombre d'heures qu'il convient d'assigner à l'étude du piano, dans l'enseignement des jeunes filles, l'auteur de *Faust* lui répondit : « Le moins de temps possible, pour celles qui ne doivent pas en faire leur profession ». Les femmes qui se destinent à l'enseignement, ont besoin de sept à huit heures de travail par jour, rien que pour acquérir cette habileté manuelle dont je parlais tout à l'heure. C'est se donner bien du mal pour atteindre un résultat bien problématique. Les maîtresses de piano sont aussi communes que les institutrices et les premiers prix du Conservatoire ne trouvent pas toujours le nombre de leçons qu'il leur faudrait donner pour subvenir à leurs besoins.

La musique vocale n'exige pas autant de travail. Elle permet, comme le piano, de prendre connaissance des œuvres qu'il est agréable de connaître et elle constitue un exercice salutaire au point de vue de l'hygiène, lorsqu'on ménage son larynx et qu'on ne cherche pas à lui faire produire des sons qui ne sont pas dans ses cordes. Toutes les jeunes filles n'ont pas de voix, mais la plupart d'entre elles, avec de la méthode et de l'étude, arrivent à chanter d'une manière agréable. Le chant est plus sympathique et n'exige pas la même perfection que la musique instrumentale.

La danse a beaucoup perdu de son importance, depuis le commencement du siècle. C'était autrefois un talent des plus recherchés. Elle prenait place à côté de l'escrime et de l'équitation, dans l'éducation des jeunes gentilshommes. Sous la Restauration encore, on dansait par principes ; on faisait cercle dans les bals, autour des danseurs renommés. Aujourd'hui, quand on fait cercle autour d'un quadrille, ce n'est pas pour admirer les nobles dames et les figures qu'on y exécute n'ont rien de commun avec le menuet et la pavane.

On ne danse plus dans le monde; on peut à peine s'y mouvoir dans les espaces de plus en plus restreints que la foule veut bien laisser aux danseurs. Il suffit de connaître à peu près les figures. Les danses tournantes, qu'on a le tort aujourd'hui de permettre aux jeunes filles, sont les seules qui exigent qu'on les y exerce; encore n'est-il pas nécessaire qu'elles les étudient, car elles sont conduites par leurs danseurs. Cependant, les leçons de danse sont une bonne chose. Elles apprennent aux jeunes filles à marcher avec grâce, à saluer comme on le fait dans la bonne compagnie et à conserver, dans un exercice plein de charme pour elles, la rectitude et la réserve du maintien dont elles ne doivent jamais se départir, même dans l'entraînement d'un bal.

Les travaux à l'aiguille tiennent le milieu entre les études proprement dites et les distractions tranquilles auxquelles les femmes peuvent se livrer dans la solitude de leur appartement, ou dans la société de leurs amies. Toutefois, il y a quelque chose à redire encore à la nature de ces travaux. Certes, c'est une occupation charmante que la broderie sous ses différentes formes, que la tapisserie à l'aide de laquelle on reproduit des dessins plus ou moins artistiques. C'est un talent dans lequel on peut atteindre une supériorité véritable. Il est sans utilité dans un monde où la question d'argent existe à peine: mais il a son charme; il aide à passer les heures et laisse toute liberté à l'esprit, soit pour la conversation, soit pour la rêverie; c'est même là son danger.

A la faveur de cette occupation manuelle et presque automatique, l'imagination se donne librement carrière et, tandis que les doigts font passer l'aiguille à travers les mailles du canevas, la pensée vagabonde dans des régions enchantées, qui rendent plus insipides encore les réalités vulgaires de la vie courante, quand il faut y retomber. Cet inconvénient, je crois l'avoir déjà dit, s'est notablement amoindri à notre époque positive. La rêverie, la soif d'idéal se sont envolées avec les vieilles romances, les ménestrels, les troubadours, les chevaliers et les vieux donjons, toutes ces choses qui ont charmé notre jeunesse et dont je n'ai pas le triste courage de me moquer aujourd'hui; mais ce n'est pas de tout cela qu'il s'agit.

Si le travail à l'aiguille est une distraction pour les jeunes personnes riches, il est de première utilité pour celles de la classe moyenne et c'est un gagne-pain pour les filles pauvres. Je m'occuperai de celles-là, lorsqu'il sera question de l'éducation professionnelle; pour le moment, je n'ai en vue que les femmes de la classe moyenne, celles qui ont un budget modeste à gérer, une maison à tenir et des enfants à élever.

A celles-là, on se borne encore aujourd'hui à faire apprendre la broderie et les ouvrages de salon, comme aux demoiselles qui sont destinées, par leur fortune, à avoir, toute leur vie, des femmes de chambre à leur service. Ce travers, contre lequel je me suis déjà élevé en parlant du rôle de la femme dans la famille, provient de ce qu'on regarde le travail utile comme humiliant, par suite de cette idée si fausse, si dangereuse et si répandue dans le monde des femmes, que la pauvreté est une tare, qu'il faut tout faire pour la dissimuler; et pourtant la sainteté du travail a été proclamée de tout temps par ceux qui ont qualité pour parler au nom de la morale ou de la religion.

« La femme forte, dit Fénelon, au lieu de s'amuser à des choses frivoles, prendra d'abord du lin et de la laine et s'appliquera à la travailler de ses propres mains. » Les grandes institutrices des siècles passés, au témoignage desquelles j'ai fait si souvent appel, attachaient aux travaux manuels une égale importance.

Mme de Maintenon leur avait donné une place prépondérante dans l'éducation qu'on donnait aux demoiselles de Saint-Cyr. On y apprenait à coudre, à broder, à tricoter, à faire de la tapisserie ; on y confectionnait tout le linge de la maison, de l'infirmerie, de la chapelle, les robes, les vêtements des dames et des élèves, « mais *point d'ouvrages exquis* », ajoutait-elle. « Ces travaux exquis : broderie, tapisserie, crochet, fleurs artificielles, etc., ne doivent venir qu'après les ouvrages utiles, comme pour servir de délassement. Jusqu'à l'âge de douze ans et même plus tard, quelle que soit la fortune de leurs parents, ne leur permettez aucun de ces ouvrages de fantaisie qui occupent les femmes riches. Il faut chercher mille inventions pour leur faire aimer l'ouvrage; faites-leur faire des entreprises là-dessus, dressez-leur des tâches, des journées de travail, rien ne leur est meilleur et plus convenable à leur fortune [1]. »

Mme Campan tient le même langage et entre dans de plus grands détails que son illustre devancière. « Assise auprès de sa mère, dit-elle, une petite fille doit commencer à se servir de son aiguille, une heure par jour, à deux reprises différentes — car il faut bien se garder de faire naître en elle du dégoût, pour la plus constante et la plus précieuse occupation des femmes. Des ourlets, des points à marquer sur de très gros canevas, un morceau de tapisserie au gros point,

---

1. *Lettre à Mme de Glapion*, 3 mars 1703 (*Lettres sur l'éducation des filles, loc. cit.*, p. 229).

doivent être ses premiers ouvrages. Il est aussi très essentiel de leur enseigner le tricot fort jeunes. La couture du linge, la coupe des robes, tout ce qui en dépend, doit être de même enseigné avec beaucoup de soin : plus on se rend la main habile à ces sortes d'ouvrages, plus on ajoute au plaisir qu'on trouve à les faire. »

Cette façon pratique et sérieuse de comprendre l'éducation fut très probablement une des causes qui dirigèrent le choix de Napoléon Ier, lorsqu'il chargea Mme Campan de la direction des écoles de la Légion d'honneur. Il partageait de tout point ses idées et il les a formulées de la façon la plus impérative, dans la lettre qu'il écrivait de Falkenstein au Grand Chancelier le 15 mai 1809 :

« Il faut les occuper toutes, pendant les trois quarts de la journée, à des ouvrages manuels : elles doivent savoir faire des bas, des chemises, des broderies, enfin toute espèce d'ouvrages de femmes. Il faut que leurs appartements soient meublés du travail de leurs mains, qu'elles fassent elles-mêmes leurs chemises, leurs bas, leurs robes, leurs coiffures. Tout cela est une grande affaire dans mon opinion. Il faut, dans cette matière, aller jusqu'auprès du ridicule. Je veux faire de ces jeunes filles des femmes utiles, certain que j'en ferai par là des femmes agréables ; je ne veux pas en faire des femmes agréables, parce que j'en ferais des petites maîtresses. »

Nous avons vu que ces traditions se sont maintenues dans les écoles de la Légion d'honneur. Dans les lycées de filles, on fait aussi une part convenable aux travaux manuels, seulement c'est un cours dogmatique et j'ai exprimé mon opinion sur ce genre d'enseignement ; mieux vaut que la jeune fille apprenne à coudre, à repriser et à réparer les vêtements de la famille, sous l'égide de sa mère. Si sa position de fortune la dispense de ces soins, qu'elle travaille pour les pauvres, qu'elle leur tricote des lainages ou qu'elle leur confectionne de bons gros vêtements de drap pour l'hiver. On relève ainsi à leurs yeux le mérite des plus simples ouvrages, en y intéressant leur cœur et leur charité, et cela vaut bien mieux, comme le fait observer Mgr Dupanloup, que de leur faire habiller leurs poupées.

Si j'ai tant insisté sur les travaux manuels, si j'ai cherché à appuyer mes conseils sur l'autorité des plus grands esprits qui se sont occupés d'éducation, c'est que, dans mon opinion aussi, cela est une grande affaire.

Dans cet exposé des connaissances qu'il me semble suffisant de faire entrer dans les pro-

grammes de l'enseignement secondaire, il est deux
choses que j'ai eu constamment en vue, et je tiens
à le répéter : c'est la nécessité de régler les programmes sur les intelligences moyennes et de les
approprier aux cinq années que doit durer l'enseignement. Les jeunes filles désireuses de pousser
plus loin leur instruction, soit par amour du
savoir, soit pour s'en faire une carrière, celles-là
ont le temps et les moyens nécessaires pour se
perfectionner, la scolarité finie, dans la branche
qu'elles auront choisie. Elles pourront apprendre,
si bon leur semble, les langues anciennes, les
langues vivantes, l'histoire naturelle ou les hautes
mathématiques, et même les sciences sociales,
s'il leur plaît de s'y plonger. Les cours ne leur
feront pas défaut, les livres pas davantage. Arrivées à l'âge que nous supposons, ces ressources-
là suffisent. Les jeunes filles n'ont plus besoin
qu'on les contraigne ni même qu'on les excite au
travail; la science est à la portée de tout le monde
et les femmes ont toutes les aptitudes nécessaires
pour l'acquérir.

Leur éducation cesse beaucoup trop tôt. On les
fait sortir à quinze ou seize ans des couvents et
des pensionnats et, dès lors, leurs études sont
réduites à la culture des arts d'agrément. C'est
cependant le moment où elles ont le plus d'apti-

tude pour les travaux sérieux, où elles peuvent utiliser, avec le plus de fruit, les méthodes qui leur ont été enseignées. C'est alors qu'elles peuvent se perfectionner dans les connaissances qui leur plaisent le plus; mais ce complément d'instruction ne peut avoir ni règles ni programmes, puisqu'il dépend des aptitudes et des goûts particuliers de celles qui veulent l'acquérir. L'enseignement secondaire, qui nous occupe en ce moment, ne peut que les y préparer. Il s'adresse surtout à la masse, c'est-à-dire à des jeunes filles qui n'ont ni des aptitudes exceptionnelles, ni un goût démesuré pour l'étude et, tel que nous l'avons tracé, il suffit à celles-là pour remplir largement leurs devoirs dans la famille et pour tenir leur place dans la société.

III. — Enseignement professionnel.

L'enseignement professionnel est, pour les jeunes filles des classes laborieuses, ce que l'enseignement secondaire est pour les autres : un complément de l'éducation primaire, destiné à leur faciliter l'exercice des métiers à l'aide desquels elles doivent subvenir à leurs besoins.

Il est de date récente. Autrefois les notions dont il se compose se bornaient à quelques traditions que les maîtresses d'ateliers transmettaient à leurs apprenties, et qu'on se passait de génération en génération. Le progrès des arts industriels, la perfection qu'on exige aujourd'hui dans tous les métiers, ont rendu cette routine insuffisante, et la nécessité de l'enseignement professionnel s'est fait sentir.

C'est l'initiative privée qui est intervenue la première pour donner satisfaction à ce besoin; et le mérite d'avoir créé les premières écoles professionnelles, appartient à Mme Élisa Lemonnier qui, sans autre secours qu'un amour puissant et une volonté ferme, réussit à grouper autour d'elle quelques amies qui, bientôt, partagèrent son ardeur et se dévouèrent à son œuvre.

Elles fondèrent, en 1856, la *Société de protection maternelle pour les jeunes filles,* avec l'intention d'en élever gratuitement le plus grand nombre possible et de leur enseigner une profession qui leur permît de vivre honorablement. Plusieurs enfants furent d'abord placées, les unes à Paris, les autres en Allemagne; mais les fondatrices n'ayant trouvé ni en France, ni à l'étranger, une maison qui correspondît à leurs vues, résolurent, en 1862, de créer elles-mêmes des établissements spéciaux.

A cette époque, la Société étendit son cercle

d'action et prit son titre actuel de *Société pour l'enseignement professionnel des femmes* (Écoles Élisa Lemonnier) [1]. C'est alors que fut fondée la première école, rue de la Perle, n° 9. Ce n'était d'abord qu'une simple chambre dans laquelle une maîtresse de couture venait, chaque jour, faire travailler une douzaine d'enfants. Il y en avait 6 à l'ouverture, 40 à la clôture de l'année scolaire et 80 à la rentrée d'octobre 1863. Le nombre des élèves continuant à s'accroître, l'école fut transférée dans un local plus vaste situé 31, rue des Francs-Bourgeois, au Marais ; depuis, elle a de nouveau changé de résidence et a été se fixer 7, rue de Poitou. Elle comptait 170 élèves en 1886, lorsqu'elle a été cédée à la ville de Paris.

Depuis cette époque, la Société a fondé trois nouvelles écoles : la première rue de Laval, transférée aujourd'hui rue Duperré, 24 ; la seconde rue d'Arras, 70 ; la troisième rue des Boulets, 41. En 1889, les trois écoles ont donné l'instruction à 500 élèves. Elles y sont admises à l'âge de douze ans révolus et après examen. L'enseignement qu'elles y reçoivent dure trois années. Il se compose de cours généraux destinés à compléter

---

1. La première présidente fut Mme Jules Simon, à laquelle ont succédé Mmes Millard, Dorian, Carnot mère, Floquet, Levylier-Goudchaux.

l'instruction qu'elles ont reçue dans les écoles primaires et de cours spéciaux comprenant : la couture, la broderie, la confection des fleurs artificielles, la comptabilité commerciale, la gravure, la peinture sur verre et sur porcelaine, le dessin et ses applications à l'industrie. Les écoles préparent en outre aux examens qui ouvrent l'entrée des différentes administrations et aux brevets d'institutrice. Les certificats de capacité qui sont délivrés aux élèves à leur sortie, après examen, leur assurent un accès facile dans les différentes branches d'industrie pour lesquelles elles se sont préparées, et leur permettent d'entrer, comme maîtresses, dans les écoles primaires de Paris et dans les lycées de filles.

La répartition des élèves entre les différents cours professionnels a très peu varié depuis la fondation. Les cours artistiques sont toujours les plus suivis; viennent ensuite les cours de commerce, les ateliers de couture et de broderie.

Les écoles Élisa Lemonnier ont trouvé un puissant appui dans les deux Ministères de l'instruction publique et des beaux-arts, du commerce et de l'industrie qui leur accordent chaque année une subvention. Le Conseil municipal de Paris leur en alloue une beaucoup plus forte; de plus, il y entretient un certain nombre de boursières. Les mairies, la Caisse des écoles leur viennent également en aide. Leurs ressources se composent par ailleurs de dons, de legs, du montant des souscriptions et enfin du produit d'une vente annuelle qui, en 1889, a produit 42 689 fr. 25 de bénéfice net.

Tout le monde, comme on le voit, vient en aide à cette œuvre; mais la pierre angulaire de l'édifice, c'est Mlle Julie Toussaint, dont l'esprit ferme et l'exquise bonté animent et dirigent ces écoles dont elle est l'âme. La décoration de la Légion d'honneur est venue tout récemment récompenser son dévouement et ses services.

Les écoles Élisa Lemonnier ont trouvé des imitatrices. Mme de Hérédia a fondé celle des Ternes, dans des proportions plus modestes et avec de plus faibles ressources; mais elle a trouvé, comme les autres, des dévouements pour lui venir en aide. On se borne, aux Ternes, à former des couturières, des giletières, des demoiselles de magasin, et cela gratuitement. L'école est soutenue par ses fondatrices. Le Ministère et la Ville de Paris donnent un secours; on organise une vente tous les ans et les dames font le reste. La directrice, Mlle Dupont, est une personne d'une rare valeur.

Mentionnons encore l'atelier-école de Mme Su-

chard de Pressensé, où les jeunes filles peuvent
être internes pour trente francs par mois et devenir lingères ou couturières à leur choix ; l'école
protestante fondée par Mme Bersier et enfin la
Société de l'appui fraternel, qui fonctionne, au fond
de Belleville, au numéro 7 de la rue des Agne-
lets. Là, Mlle Grandhomme, l'une des figures les
plus curieuses de l'enseignement parisien, montre,
aux jeunes filles des écoles publiques, à tailler et
à coudre leurs vêtements et ceux de leurs familles,
Elle collectionne les robes défraîchies, les man-
teaux demi-usés, les jupons qu'on veut bien lui
offrir et, le dimanche matin, elle montre à ses
élèves à convertir tout cela en robes à leur usage,
en pantalons, en jaquettes, suivant les besoins
de leurs familles ; et les petites filles emportent
chez elles les pièces qu'elles ont confectionnées.
On ne saurait trop encourager ces œuvres phil-
anthropiques. C'est l'effort le plus vigoureux
et le plus désintéressé qui ait été fait en France
pour l'enseignement et il donne d'admirables
résultats.

Les écoles Élisa Lemonnier ont été seules à
s'occuper de l'enseignement professionnel, pendant plusieurs années. L'administration munici-
pale s'est enfin décidée à les imiter ; mais elle a
voulu donner plus d'extension à ses écoles. Elle ne

les destine pas seulement à apprendre un métier aux jeunes filles, mais aussi à leur enseigner à tenir leur ménage. C'est pour cela que la Ville leur a donné le nom d'*Écoles municipales professionnelles ménagères*. La première a été fondée en 1881. Trois ans après, il y en avait quatre comprenant vingt-trois ateliers et recevant 466 élèves. Aujourd'hui, on en compte six qui coûtent à la Ville un demi-million par an.

Le but de ces écoles, aux termes des décisions qui les ont créées, est de former des ouvrières instruites, habiles, capables de maintenir les traditions de goût et la supériorité de l'industrie française, tout en s'exerçant aux soins du ménage et en se préparant ainsi à l'accomplissement des devoirs qui les attendent dans la famille. Elles trouvent en outre, dans l'école, des cours destinés à préparer à l'examen du certificat d'études primaires celles qui ne l'auraient pas encore subi, et à perfectionner dans leurs études celles qui seraient déjà pourvues du certificat.

L'enseignement est gratuit. Les élèves sont externes. Elles entrent à l'école à huit heures du matin et en sortent à cinq heures et demie du soir, y compris le jeudi. Sur ces sept heures et demie, quatre et demie sont consacrées aux travaux manuels, trois aux cours d'enseignement primaire.

Le reste est employé au déjeuner, à la récréation
et à la gymnastique. La durée de l'apprentissage
est de trois ans. Les cours professionnels sont au
nombre de 8 et embrassent les spécialités sui-
vantes : *couturières*, *lingères*, *brodeuses*, *corse-
tières*, *repasseuses*, *fleuristes*, *modistes*, *giletières*.
Les cours généraux obligatoires sont les suivants :
enseignement primaire, *notions de comptabilité*,
dessin, *économie domestique*, *coupe et assemblage*,
gymnastique. Quant à l'instruction ménagère, elle
comprend la *cuisine*, la *tenue d'une maison* et le
blanchissage. On y a joint, il y a quelques années,
un cours d'hygiène. Les jeunes filles qui entrent
dans les écoles doivent avoir treize ans au moins
et quinze ans au plus. Toutefois, celles qui sont
pourvues d'un certificat d'études primaires, peuvent y être admises à douze ans.

Indépendamment des écoles, l'enseignement
professionnel comprend, à Paris, les cours spéciaux d'enseignement commercial institués par
la Ville, en 1881. Ils sont suivis par les jeunes
gens des deux sexes qui, à la suite de leurs études
dans les écoles primaires, désirent acquérir les
notions qui sont aujourd'hui indispensables à tous
ceux qui veulent se livrer au commerce. Ces
cours ont lieu le soir de huit heures à dix. Chaque
année, les élèves qui les ont suivis subissent un

examen public et reçoivent un certificat qui le constate. Les cours ont été suivis, en 1884, par 850 jeunes filles.

La Ville de Paris s'est également préoccupée des moyens d'assurer, aux jeunes filles qui désirent embrasser des professions industrielles ou artistiques, les moyens de se perfectionner dans l'art du dessin et dans ses applications pratiques. Elle subventionne, à cet effet, un certain nombre d'écoles libres, où ces jeunes personnes sont reçues à titre gratuit.

Les établissements entretenus par la Ville ne sont pas les seuls dans lesquels on se livre à l'instruction professionnelle; elle est donnée dans tous les orphelinats, dont on compte 234 en province et 72 à Paris. Elle y est semblable à celle des écoles professionnelles. On y enseigne également aux élèves la couture, la lingerie, le raccommodage, la broderie, le blanchissage et le repassage. On les y exerce aussi aux soins du ménage. Les orphelinats sont dirigés par des sœurs. Paris renferme de plus 29 écoles professionnelles catholiques, dont 18 sont tenues par des religieuses. Elles ont été fondées dans le même but que les écoles professionnelles laïques. Les études complémentaires de l'enseignement primaire et les travaux industriels y marchent de front. Tous les métiers

que peuvent exercer les femmes y sont représentés ; on y professe de plus la tenue des livres, le
droit commercial, l'anglais, l'allemand, le dessin
d'après nature et toutes ses applications.

Les écoles professionnelles donnent de très bons
résultats, mais elles sont encore trop peu nombreuses, surtout en province, où il y aurait tant
d'intérêt à développer cette excellente institution.

Des écoles analogues existent en Belgique ; mais
elles sont plutôt *ménagères* que *professionnelles*.
Dans ce pays essentiellement industriel, presque
toute la population mâle est employée dans les
usines et dans les ateliers ; les femmes restent à
la maison et ont besoin, par-dessus tout, de savoir
tenir un ménage ; c'est à cela que leurs écoles sont
destinées. Les premières ont été fondées, en 1874,
dans le Hainaut, par le prince de Caraman-Chimay
qui en était alors le gouverneur. Elles ont été
récompensées au grand concours international de
Paris, en 1878. Il en existait alors une dizaine.

De même que dans nos écoles professionnelles,
les petites filles y entrent en sortant de l'école
primaire et en sortent, deux ans après, avec un
certificat. L'instruction est surtout dirigée vers les
choses du ménage. On apprend aux petites filles
à laver, à faire la lessive, à réparer le linge, à
coudre et à réparer les vêtements, à nettoyer et

à entretenir les meubles. La cuisine est l'objet d'une attention spéciale et on leur montre à pétrir et à faire cuire le pain. Il paraît qu'en Belgique, il n'est pas de plus grande économie que de confectionner son pain soi-même.

Des écoles culinaires ont été fondées à Lyon, au Havre et à Rouen. Leurs cours ont été suivis avec intérêt, non seulement par les jeunes filles des classes ouvrières, mais encore par des femmes appartenant aux rangs élevés de la société.

L'enseignement professionnel a fait, comme on le voit, des progrès considérables dans les trente ans qui se sont écoulés depuis qu'il a été fondé en France : la direction qui lui a été imprimée est excellente. Elle a le caractère essentiellement pratique qu'il fallait lui donner. Les jeunes filles qui ont passé par ces écoles y ont complété leur éducation primaire et y ont acquis des connaissances techniques suffisantes. Elles s'y sont familiarisées avec la culture des arts qui leur sont nécessaires, pour atteindre, dans leurs métiers, le degré de perfection que les hommes ont seuls pu acquérir jusqu'ici, et je ne doute pas que le prix de la main-d'œuvre des femmes et la sphère de leur activité ne s'étendent notablement, lorsque cet enseignement aura duré assez longtemps pour que son influence se fasse sentir.

Il est assez varié pour suffire à toutes les exigences. Si l'on veut bien prendre la peine de se reporter à la nomenclature des professions que les femmes peuvent exercer [1], on verra qu'il n'en est pas une dont l'apprentissage ne puisse se faire dans les écoles professionnelles. Il ne s'agit donc que de développer, dans toute l'étendue du pays, un genre d'éducation qui ne se rencontre qu'à Paris et dans les villes de premier ordre et qui n'y a pas encore pris toute l'importance qu'il faudrait lui donner.

1. Chap. I, § 3, p. 23.

CONCLUSION

On peut, ce me semble, conclure de ce qui
précède que l'éducation des filles est aussi importante, aussi difficile que celle des garçons et
qu'elle réclame des réformes analogues.

La meilleure formule, lorsqu'elle est applicable,
consiste à les élever au foyer de la famille, en
leur faisant suivre les cours d'un bon pensionnat
et en leur faisant donner des leçons particulières.
La mère, tout en se faisant aider pour la partie
technique de l'enseignement, se réserve ainsi
l'éducation morale de sa fille et personne ne peut
la diriger aussi bien qu'elle. Cela demande assurément de l'abnégation, du dévouement, de l'intelligence et certaines qualités qu'il n'est pas
donné à toutes les femmes de réunir; mais il ne
faut pas que les mères, à qui ce petit livre s'adresse

plus particulièrement, s'exagèrent les difficultés de leur tâche et j'aurais complètement manqué le but que je me proposais, en leur donnant quelques conseils, si j'avais pu leur laisser cette pensée que l'éducation exige, de la part de la mère qui s'en charge, un tel ensemble de perfections que pas une n'est capable d'y atteindre et que mieux vaut y renoncer.

La perfection n'est pas de ce monde. C'est un but qu'il faut toujours poursuivre, sans l'espoir de l'atteindre jamais. Une mère qui fait ce qu'elle peut pour s'en rapprocher et qui élève sa fille dans de bons principes, fait son devoir. Elle supplée par sa tendresse à ce qui peut lui manquer du côté du caractère et la fille qui sort de ses mains peut avoir, elle aussi, ses défauts et ses imperfections; mais elle a le fonds nécessaire pour faire le bonheur de son mari et bien élever ses enfants. Il est bon, cependant, de connaître les écueils sur lesquels cette éducation familiale peut se briser, les ménagements qu'elle exige et les moyens de triompher des difficultés qu'elle présente; c'est pour cela que j'ai tant insisté sur le côté moral de l'éducation; c'est aussi parce qu'il est le plus délicat, le plus personnel de tous.

Les autres sont plus faciles à réglementer, et les réformes qu'ils réclament sont plus tangibles.

Il en est qui s'imposent, avec une évidence que tout le monde commence à reconnaître. L'éducation physique est à refaire en entier. La façon dont on élève les jeunes filles est complètement opposée au but qu'on doit se proposer. Il ne peut créer que des femmes débiles, incapables de remplir les grands devoirs de la maternité et il prépare, pour l'avenir, des générations chétives et numériquement insuffisantes pour assurer la sécurité et la grandeur du pays. Il faut substituer à la claustration, à la sédentarité exagérées, aux longues études, aux travaux abrutissants, la vie au grand air, les exercices de corps, les jeux attrayants et les ablutions froides.

L'éducation intellectuelle demande des réformes correspondantes. L'instruction encyclopédique a donné sa mesure, elle n'est propre qu'à faire passer des examens, à donner l'apparence du savoir et à faire naître de ridicules prétentions. Les programmes trop touffus ont besoin d'être élagués. L'instruction primaire, devant être donnée à deux millions de petites filles, doit être réduite au strict nécessaire, sauf à développer largement les écoles primaires supérieures pour celles qui ont des aptitudes particulières ou qui se destinent à la carrière du professorat.

L'enseignement secondaire, pour se généraliser,

demande aussi qu'on le réduise à de moindres proportions, en donnant aux jeunes filles studieuses et exceptionnellement intelligentes, les moyens de le compléter, après la fin de la période scolaire. Un certain nombre des connaissances que renferment les programmes de l'Université peut en être retranché; d'autres n'ont pas besoin d'un enseignement *ex cathedra* et peuvent être démontrées sous la forme d'entretiens, au cours d'excursions, de promenades, de visites à des musées, à des collections d'histoire naturelle, en présence, en un mot, des phénomènes et des objets auxquels ces sciences se rapportent.

L'enseignement littéraire, qui ne peut être donné qu'en classe, est susceptible également d'être simplifié et rendu plus profitable, par la réforme des méthodes pédagogiques. Le temps économisé sur les longs devoirs, sur les récitations inutiles et sur les leçons à apprendre par cœur, sera beaucoup plus fructueusement employé en promenades, en excursions instructives, en jeux attrayants et hygiéniques. De cette façon, on pourra concilier les exigences de la santé et de l'éducation physique, avec celles de la culture intellectuelle.

L'enseignement professionnel ne demande qu'à être développé. Il serait bon pourtant de le spécialiser encore davantage. Ainsi, dans les écoles de Paris, les cours généraux sont obligatoires. Je n'en vois pas bien la nécessité. Les jeunes filles qui les fréquentent ont passé par les écoles primaires et cette éducation est suffisante. Les notions de comptabilité sont parfaitement inutiles à des jeunes filles qui se destinent à être tout simplement couturières, lingères, modistes, etc. La coupe et l'assemblage ne peuvent rendre aucun service à des fleuristes, à des repasseuses et, parmi les ouvrières qu'emploie l'industrie, il en est un grand nombre qui n'ont que faire du dessin. En concentrant leur attention sur leur métier, en les rendant très habiles ouvrières, on leur rendrait, ce me semble, un plus grand service, qu'en leur apprenant tant de choses à la fois.

Les réformes que je propose n'ont, comme on le voit, rien de bien subversif; mais je crois qu'elles sont dignes de fixer l'attention des personnes que la question de l'éducation des jeunes filles préoccupe et de celles qui sont chargées de la diriger.

FIN

TABLE DES MATIÈRES

CHAPITRE III

CHAPITRE IV

Coulommiers. — Imp. PAUL BRODARD.